阿斯图文化系列丛书
Культурная книжная серия АТУРК

纪念中国人民抗日战争暨世界反法西斯战争胜利70周年

70-летней годовщине победы китайского народа в войне сопротивления японским захватчикам и победы в антифашистской войне посвящается

反法西斯战争中的中俄工科大学联盟院校纪念画册

Фотоальбом «Университеты АТУРК во время антифашистской войны»

阿斯图文化系列丛书编写组　主编

Составитель: Авторский коллектив культурной книжной серии АТУРК

哈爾濱工業大學出版社
HARBIN INSTITUTE OF TECHNOLOGY PRESS

致　辞

中俄工科大学联盟中方常设主席，哈尔滨工业大学校长周玉院士致辞

尊敬的中俄两国师生：

很高兴由中俄工科大学联盟联合哈尔滨工业大学出版社共同出版的《反法西斯战争中的中俄工科大学联盟院校纪念画册》能够与大家见面。本书以“铭记历史、缅怀先烈、珍视和平、开创未来”为主题，生动再现了阿斯图联盟精英工科院校在艰难战争时期如何坚持开展科研教学工作的历史画面，记录了中俄两国教师和学生投笔从戎成为杰出的军事指挥家、新式武器装备的发明家、屡获战功的前线英雄等感人事迹。

为搜集整理全面、翔实的历史资料，中俄工科大学联盟 30 所高校前期积极多次联络校内历史博物馆、所在城市的历史博物馆、地方博物馆及城市规划展览馆，历时 6 个月，共征集到中俄 30 所高校、21 个城市 493 张图片和近 7 万字的文字材料。同时我们还得到北京俄罗斯文化中心的大力支持，提供 30 幅反法西斯战争期间前苏联的宣传画。

今年是世界反法西斯战争胜利 70 周年，也是中国人民抗日战争胜利 70 周年。70 年前，中国和前苏联作为二战亚洲和欧洲的主战场，是抗击法西斯主义和军国主义的主要力量，经历了最残酷的考验，付出了巨大牺牲，为捍卫人类尊严、重建世界和平建立了伟大的历史功勋。

在此我深信，此画册不仅是一种纪念，更是一种鞭策，它鞭策两国青年铭记历史，珍视和平，与时代同步，把个人梦想融入推动中俄两国共同发展、共同繁荣的事业中来，为中俄两国美好未来做出积极贡献。

Приветствие постоянного председателя Ассоциации технических университетов России и Китая с китайской стороны, ректора Харбинского политехнического университета, академика Чжоу Юй

Уважаемые студенты и преподаватели двух стран:

Я очень рад, что в свет вышел подготовленный совместно Ассоциацией технических университетов России и Китая и Харбинским политехническим университетом фотоальбом «Университеты АТУРК во время антифашистской войны». Основным его девизом стало «запечатлеть историю, почтить память, дорожить миром, открыть будущее», в альбоме ярко воспроизведена историческая картина того, как лучшие технические университеты АТУРК в трудные военные времена упорно продолжали проведение исследовательской и преподавательской деятельности; запечатлены, отбросившие кисть и взявшиеся за оружие, ставшие выдающимися военными руководителями, изобретшие новое вооружение, неоднократно ставшие героями боевых действий преподаватели и студенты двух стран.

Чтобы полноценно и подробно собрать исторические данные, 30 университетов АТУРК на первом этапе, который продолжался шесть месяцев, активно контактировали с университетскими историческими музеями, городскими историческими музеями, краеведческими музеями и градостроительными выставочными центрами, и в результате собрали в общей сложности 493 фотографии и почти 70,000 слов текстового материала из 21 города и 30 университетов России и Китая. На этом этапе мы получили огромную поддержку русского культурного центра в Пекине, который предоставил в общей сложности 30 антифашистских военных плакатов бывшего Советского Союза.

В этом году отмечается 70-летие Победы в Мировой антифашистской войне, а также 70-летие победы Китайского народа в войне сопротивления японским захватчикам. 70 лет назад, Китай и бывший Советский Союз, став основными военными площадками Второй мировой войны в Азии и Европе и основной движущей силой в борьбе против фашизма и милитаризма, прошли суровое испытание, принесли огромную жертву и во имя защиты человеческого достоинства и мира во всем мире совершили великий исторический подвиг.

Я искренне убеждён, что этот альбом является не только памятью, но и неким стимулом, способным заставить молодежь двух стран чтить историю, беречь мир, идти в ногу со временем, мечтать и лично содействовать совместному развитию двух стран и процветанию общего дела, тем самым сделав позитивный вклад в лучшее будущее Китая и России.

致　辞

中国驻俄罗斯使馆公使衔教育参赞赵国成致辞

亲爱的朋友们！

您手中捧着的是一份真正意义上的历史文献。画册收集的是有关第二次世界大战的珍贵历史资料，而这段历史已经逝去了70年。这本画册见证了中俄工科大学联盟院校积极投身于中国和苏联人民反对日本军国主义和德国法西斯的英勇斗争的历史，同时也是对第二次世界大战胜利的宣传。

世界反法西斯战争的胜利是军队官兵、工农大众乃至全体人民通过艰苦卓绝的英勇奋斗换来的。画册生动鲜明地展示了学生和他们的老师学习、劳动的情景。我们看到一张张面孔，为前线作战的父老兄弟忧心如焚，看到他们辛勤忘我地读书和教书，要用自己的知识和才能报效人民，发展工农业生产，提高科学水平。有很多大学生一走出校门就上了前线或参加生产，“建勋功，立伟业”。

中俄工科大学联盟在上海举办的“反法西斯战争中的中俄工科大学联盟院校”图片展，选择在我们共同庆祝人类战胜历史上最反动和反人类势力的日子里举行，给我们以深刻的启迪。展览教育我们要珍视人民英勇奋斗的历史，景仰英雄壮举，学习他们勇敢面对苦难，不气馁，不投降，在战斗、劳动和学习中怀着必胜信念战胜敌人的英雄气概。展览还讴歌了中俄两国人民在与纳粹和军国主义的战斗中凝成的传统友谊。这一友谊在今天是世界和平与国际合作的坚强基石。由哈尔滨工业大学和莫斯科鲍曼国立技术大学倡议组织，在同济大学以及其他中俄工科大学联盟成员单位的大力支持下，中俄工科大学联盟举办了这次图片展览，并编辑出版本画册。这一举措为和平和友谊的伟大事业做出了自己的贡献。

Приветствие Министра-Советника по делам образования Посольства Китайской Народной Республики в Российской Федерации Чжао Гочэн

Дорогие друзья!

Вы держите в руках поистине исторический документ. Во-первых, это замечательное собрание ценных материалов по истории Второй мировой войны, 70-летие окончания которой отмечается в этом году. Во-вторых, этот альбом – свидетельство увлеченной работы активистов Ассоциации технических университетов России и Китая (АТУРК), изучающих страницы героической борьбы китайского и советского народов против германского фашизма и японского милитаризма и популяризирующих их победу во Второй мировой войне.

Эта победа была добыта вложением всех сил наших народов: солдат и офицеров, рабочих и крестьян, молодёжи и пожилых людей. В фотоальбом ярко показана учеба и труд студенчества и их наставников. Вглядитесь в эти лица! Видно, что они тревожились за своих отцов и братьев, сражавшихся на фронте, но в то же время они честно, добросовестно и самоотверженно учились и учили, чтобы отдать свои знания и умения своему народу, поднимать промышленность и сельское хозяйство, развивать науку. Как часто, едва закончив обучение в вузе, студенты шли на фронт или на производство, где совершали боевые и трудовые подвиги.

Выставка АТУРК в Шанхае «Университеты АТУРК во время антифашистской войны», приуроченная к 70-й годовщине нашей общей победы над самыми реакционными и бесчеловечными силами в истории, многому учит нас. Она учит дорожить героическим прошлым наших народов, гордиться героями и брать пример с тех, кто, превозмогая огромные трудности и несчастья, обрушившиеся на них, не отчаялся, не сдался, а в боях, труде и учебе обрел веру в неизбежную победу над врагом и победил его. Она созвучна традициям дружбы наших народов, закаленной в боях с нацизмом и милитаризмом, и сейчас являющейся надежным оплотом мира и международного сотрудничества. В это дело вносит свой вклад и АТУРК, организовавший замечательную фотовыставку и выпустивший этот альбом по инициативе Харбинского политехнического университета и Московского государственного технического университета им. Н.Э.Баумана и при содействии университета Тунцзи, и всех других университетов АТУРК.

致　辞

中俄工科大学联盟俄方常设主席、莫斯科鲍曼国立技术大学校长亚历山大罗夫·阿纳托利·亚历山大罗维奇致辞

尊敬的女士们、先生们、各位同仁，亲爱的同胞和中国的朋友们！

在胜利日到来之际，请允许我向你们表达节日的祝贺！这是所有热爱自由的人民对法西斯和日本军国主义的胜利。自1945年5月9日和9月3日苏军在柏林举起胜利的旗帜并与中国军队一同消灭远东及中国东北地区的日本侵略者已经过去70载。胜利来之不易，峥嵘岁月长，城市、村庄、工业企业被野蛮摧毁，数百万官兵和平民百姓失去了生命。所有同盟国都为期盼已久的胜利贡献出了自己的力量，没有各国军队的浴血奋战，没有全世界各民族的团结，就无法取得胜利。这一历史教训值得后辈们铭记。而在这场战争中苏联人民和中国人民承受了无法磨灭的苦难，经受了激烈的战火和全人类的压力，以及失去生命和家园的悲痛。对1945年伟大胜利的记忆是神圣的。汉语俗话说：“饮水思源。”这是一个伟大的节日，对每一位中俄人民都是宝贵的，这是解放和战争结束的欢乐节日，是对千千万万牺牲在前线和后方英烈的苦难追思之日。战争在中国和苏联的每个家庭都留下了痕迹，而这些伤痛永远无法愈合。胜利如同整个战争一样让人无法忘却，这是永恒的记忆。铭记那些为保卫和平而奔赴前线战死沙场的人们，铭记那些在饥饿的后方和疏散转移中忍受痛苦的人们，铭记那些在车间或田野中工作的人们。保家！卫国！

《反法西斯战争中的中俄工科大学联盟院校纪念画册》应归功于在前线保家卫国，战时和疏散转移时仍然组织教学活动，制造新型武器，在小作坊中忘我工作的师生和学者们。该画册独具匠心，再现了欧亚战场上的一幕幕战争场景。

首先要感谢的是该书的编者们，更要感谢哈尔滨工业大学以及今年五月隆重举办“反法西斯战争中的中俄工科大学联盟院校”图片展开幕式的同济大学。

胜利使我们的国家和平发展，让我们可以成功建设新的生活，在科学、教育、文化、艺术领域取得卓著成绩。1949年中华人民共和国成立了，50年代初期莫斯科大学和莫斯科鲍曼高等技术学院的一座座新楼拔地而起，1957年苏联发射了第一颗人造地球卫星。

画册是我们精神、意志、智慧和团结的体现。它如同我们对那些人的记忆一样重要，那些为赢得伟大胜利而付出了劳动甚至生命去换取和平，使我们可以幸福地工作，学习，去爱和创造的人们。

前不久俄罗斯举行了各种纪念活动、阅兵式和人们带着战争中牺牲的亲人肖像进行的游行。这些游行被称为“永恒兵团”，有数百万人参与其中。为胜利献出生命的英雄们就以这种方式走过了莫斯科红场和其他俄罗斯城市的中心。这些难忘的事件向全世界展示了俄罗斯民族的团结，人们对美好未来的信念和对永远铭记过去的信心。

我们非常感谢5月9日亲自出席莫斯科庆祝活动的中华人民共和国主席习近平。中国军人昂首阔步迈过红场，展现了团结和对二战胜利的共同追忆。中俄两国的良好关系始终是国际稳定、经济发展的重要保障。

中俄高校间的友谊及高度专业度的伙伴关系会为我们实现宏伟蓝图而注力。

我衷心祝愿我们的学校繁荣昌盛，中俄工科大学联盟各项活动顺利进行，所有师生幸福安康！

Приветствие постоянного председателя АТУРК с российской стороны, ректора МГТУ им. Н.Э. Баумана Александрова Анатолия Александровича

Уважаемые дамы и господа, коллеги, дорогие соотечественники и китайские друзья!

Позвольте поздравить Вас с Великим Праздником Победы! Победы всех свободолюбивых народов над силами фашизма и агрессивного японского милитаризма. Прошло 70 лет с 9 мая и 3 сентября 1945 года, когда Советская армия подняла знамя Победы в Берлине и вместе с армией Китая разгромила японских оккупантов на Дальнем Востоке и Северо-Востоке Китая. Победа далась нелегко, долгие годы сражений, зверские разрушения городов и сел, промышленных предприятий, многомиллионные потери солдат, офицеров и мирных жителей. В долгожданную Победу вложили силы все союзные государства, и без самоотверженных действий армий и единства народов всего Мира она была бы невозможна. И этот исторический урок достоин сохранения в памяти грядущих поколений. Но наибольшие жертвы, лишения, напряжение вооруженной борьбы и всех человеческих сил, трагедии потерь и разрушений в этой Войне понесли народы Советского Союза и Китая. Память о Великой Победе 1945 года священна. «Пьешь воду, помни об источнике» – гласит китайская поговорка. Это Великий Праздник, дорогой сердцу каждого гражданина в Китае и России, Праздник радости освобождения и окончания войны, и День горечи воспоминаний о миллионах погибших на фронтах и в тылу. Война оставила рубцы в судьбах практически каждой советской и китайской семьи. Эти шрамы не зарубцуются никогда. Победу, так же как и всю войну, нельзя забывать, это вечная память. Память о тех, кто встал на защиту мирной жизни, ушел на фронт, погиб в боях, кто терпел лишения в голодном тылу, в эвакуации, кто стоял у станка или работал в поле. На Оборону! За Родину!

Фотоальбом «Университеты АТУРК во время антифашисткой войны» посвящена подвигу преподавателей, ученых и студентов по защите отечества на фронтах, по организации подготовки кадров в военное время, в том числе в эвакуации, по созданию новых образцов вооружений и по самоотверженной работе в мастерских для армии. Это уникальный альбом, охватывающая театр военных действий в Европе и в Азии.

В первую очередь хочется выразить благодарность авторам фотоальбома, и в первую очередь Харбинскому политехническому университету и Университету Тунцзи, в котором в мае этого года была торжественно открыта фотовыставка «Университеты АТУРК во время антифашисткой войны».

Победа дала возможность мирного развития нашим странам и позволила достичь громадных успехов в созидательном строительстве новой жизни, в науке, в образовании, в культуре и искусстве. В 1949 году была создана Китайская Народная Республика, в начале пятидесятых годов построены новые здания Московского университета и МВТУ имени Н.Э. Баумана, в 1957 году в Советском Союзе запущен первый искусственный спутник Земли.

Выставка – отражение нашего духа, воли, интеллекта и единства. Выставка важна как наша память о людях, которые своим трудом, жизнями завоевали Великую Победу, принесли мир и дали нам возможность счастливо работать, учиться, любить и творить.

Недавно в России прошли памятные мероприятия, военные парады, шествия людей с портретами своих близких, погибших во время Величайшей войны. Эти шествия получили название «Бессмертный полк», в них приняли участие миллионы наших людей. Герои, отдавшие свои жизни за победу, таким образом, прошли по Красной площади в Москве и по центрам городов России. Эти незабываемые события показали всему миру единство народов России, веру людей в прекрасное будущее и неиссякаемую память о своем прошлом.

Мы чрезвычайно благодарны руководству Китайской Народной Республики, ее Председателю Си Цзиньпину, который лично принял участие в торжествах 9 мая в Москве. По Красной площади прошли и военные Китая, демонстрируя единство и общую память о Победе во Второй мировой войне. Всегда хорошие отношения между нашими странами – Китаем и Россией были важным фактором международной стабильности, фактором экономического развития.

Дружба, товарищеские и высокопрофессиональные отношения между университетами России и Китая вселяют надежду в свершение наших грандиозных планов.

От всей души желаю успехов и процветания нашим университетам, реализации всех мероприятий Ассоциации технических университетов России и Китая, всем преподавателям и студентам желаю счастья, благополучия и крепкого здоровья.

致　辞

俄罗斯联邦驻中华人民共和国特命全权大使杰尼索夫·安德烈·伊万诺维奇致辞

亲爱的朋友们！

在您手中的是一本珍贵的画册，它留存着中俄工科大学联盟院校师生在中国人民抗日战争时期和伟大的卫国战争期间许多宝贵的历史照片。

尽管战争岁月的条件非常艰苦，但师生们依然坚持教学和学习，展现出了誓死保卫祖国的坚定信念，他们为抗击侵略者做出了自己的贡献。

两国人民众志成城、并肩作战，在二战中做出了巨大牺牲，中国人民在亚洲战场同日本侵略者进行了艰苦卓绝的斗争，苏联成为欧洲战场的主要抗击力量。

今天我们缅怀那些为反法西斯战争胜利而斗争的人们，是他们在前线和后方英勇的战斗换来了最终的胜利！

每当回顾历史，我们都会再一次重温战争年代的珍贵照片。本书不仅使我们了解那个年代师生的生活状况，更重要的是希望今天的大学生和年轻的教师们了解先烈们胜利的来之不易。

Приветствие Чрезвычайного и Полномочного Посла Российской Федерации в Китайской Народной Республике Денисова Андрея Ивановича

Дорогие друзья!

Вы держите в руках уникальный альбом, в котором собраны исторические фотографии времен Великой Отечественной войны и Войны китайского народа с японской агрессией, запечатлевшие преподавателей и студентов из целого ряда вузов, ныне входящих в Ассоциацию технических университетов России и Китая.

Несмотря на все тяготы и лишения военного периода, люди продолжали учить и учиться, демонстрировали стойкость и силу духа, защищали Родину и вносили свой вклад в общее дело борьбы с агрессорами.

Народы наших стран плечом к плечу сражались во Второй мировой войне, понесли в ней самые большие потери. Советский Союз принял на себя основной удар в Европе. Китай дольше других вел изнурительную борьбу с японскими захватчиками в Азии.

Сегодня мы чтим память тех, кто сражался на фронте и трудился в тылу, приближая Победу.

Каждый раз, перелистывая страницы прошлого, мы по-новому открываем для себя правду военных лет. Фотоальбом знакомит нас с жизнью вузов, преподавателей и студентов в тот период. Важно,чтобы сегодняшние студенты, все представители молодого поколения знали о том, какой ценой нашим предкам досталась Победа.

俄罗斯驻中国大使馆参赞，俄罗斯文化中心主任孔诺夫·维克多·阿纳托利耶维奇致辞

尊敬的朋友们！

谨代表北京俄罗斯文化中心及我个人向《反法西斯战争中的中俄工科大学联盟院校纪念画册》的出版表示祝贺！

本书的出版对于中俄两国工科院校间关系发展有着重要意义。它从多个角度铭刻了联盟高校积极抗战、师生协助抵御外辱、重建损毁城市等珍贵的历史画面。

本书有利于培养中俄青年的爱国精神，增强两国青年间的友谊，促进中俄全面战略协作伙伴关系的发展。

十分荣幸，俄罗斯文化中心《胜利的号角》宣传画被纳入本书中，这些宣传画曾在北京、上海、哈尔滨、大连等中国城市巡展。

祝愿《反法西斯战争中的中俄工科大学联盟院校纪念画册》编者及出版人员万事如意，也期待在未来进一步加强中俄工科大学联盟和北京俄罗斯文化中心的合作！

Приветствие Советника Посольства Российской Федерации в Китайской Народной Республике, директора Российского культурного центра в Пекине Коннова Виктора Анатольевича

Уважаемые друзья!

От имени Российского культурного центра в Пекине и от себя лично приветствую издание фотоальбома «Университеты АТУРК во время антифашистской войны»!

Издание этого фотоальбома является ценным вкладом в развитие связей между техническими университетами России и Китая. Фотоальбом содержит уникальные исторические кадры, которые с разных сторон запечатлели активное участие университетов ассоциации в войне, помощь студентов и преподавателей в борьбе с агрессором, их героические поступки, отразили восстановление и строительство разрушенных войной городов.

Представленные в альбоме фотографии воспитывают у молодого поколения России и Китая любовь к Родине, содействуют укреплению дружбы между молодежью двух стран, способствуют развитию отношений всестороннего стратегического партнерства между Россией и Китаем.

Мне очень приятно, что в альбоме также нашли отражение представленные Российским культурным центром плакаты «Грани Победы», которые экспонировались в Пекине, Шанхае, Харбине, Даляне и других городах Китая.

Желаю авторам и издателям фотоальбома «Университеты АТУРК во время антифашистской войны» всего наилучшего, и надеюсь на дальнейшее развитие сотрудничества между АТУРК и Российским культурным центром в Пекине!

谢　忱

《反法西斯战争中的中俄工科大学联盟院校纪念画册》是阿斯图文化系列丛书建设项目首部出版书籍，为搜集整理全面、详实的史料文献，联盟内各中俄高校曾多次联络校内历史博物馆、所在城市历史博物馆、地方博物馆及城市规划展览馆，历时半载，共征集到阿斯图联盟30所高校、21个城市的图片493张和7万余字的文字资料。同时阿斯图联盟还得到北京俄罗斯文化中心的大力支持，收录反法西斯战争期间苏联反战宣传画30幅。

感谢阿斯图联盟各院校、北京俄罗斯文化中心在纪念画册成书过程中的大量人力、物力投入，感谢中俄双方诸多专家、学者、教师的鼎力相助！特别感谢阿斯图联盟中方第二届轮值主席单位同济大学江波先生、于雪梅女士和张川女士为举办“2015-阿斯图相聚上海——反法西斯战争中的中俄工科大学联盟院校图片展”活动以及初期史料文献收集整理所付出的努力！

由于时间所限，书中难免会有疏漏和不尽人意之处，还望读者和专家学者不吝指正。

鸣谢单位：

中方牵头院校：

哈尔滨工业大学

中方成员院校：（排名不分先后，以拼音字母为序）

北京理工大学
东南大学
天津大学
西安交通大学
浙江大学
重庆大学
吉林大学
同济大学
西北工业大学

俄方牵头院校：

莫斯科鲍曼国立技术大学

俄方成员院校（排名不分先后 以俄文字母为序）：

阿穆尔国立大学

伊热夫斯克国立技术大学

莫斯科国立汽车公路技术大学

莫斯科动力学院

新西伯利亚国立技术大学

俄罗斯国立石油天然气大学

圣彼得堡国立电工大学

彼得大帝圣彼得堡工业大学

托木斯克理工大学

南乌拉尔国立大学

远东联邦大学

莫斯科航空学院

莫斯科国立信息技术、无线电工程及电子大学

莫斯科钢铁合金学院

彼尔姆国立科研理工大学

萨马拉国立航空航天大学

圣彼得堡国家信息技术、机械学与光学研究型大学

太平洋国立大学

乌拉尔联邦大学

特别鸣谢单位：

北京俄罗斯文化中心

中俄工科大学联盟中方常设秘书处

Благодарности

Фотоальбом «Университеты АТУРК в годы Второй Мировой Войны» - это одна из первых книг Культурной серии АТУРК, в которой собраны уникальные и подробные исторические документы, для чего потребовалось от университетов России и Китая провести большую работу с музеями и архивами вузов, городов, областей и провинций, в общей сложности в работе участвовали 30 университетов Ассоциации из 21 города, было собрано 493 изображения и более 70 тысяч слов текста. Кроме того, Ассоциацией было получено от Российского культурного центра в Пекине 30 копий агитационных плакатов времен Второй Мировой Войны.

Благодарим каждый университет АТУРК, Российский культурный центр в Пекине, предоставившие для фотоальбома столь ценные материалы и приложившие большие усилия по их сбору! Благодарим экспертов, ученых и преподавателей за щедрую помощь! Выражаем особую благодарность представителям университета-председателя АТУРК на время второй сессии – Университета Тунцзи – господина Цзян Бо, госпожу Юй Сюэмэй и госпожу Чжан Чуан за подготовку и организацию мероприятия «Собрание АТУРК в Шанхае 2015 – Фотовыставка Университеты АТУРК в годы антифашистской войны»!

В виду ограниченных временных ресурсов в книге возможны упущения и неточности, мы надеемся, что простые читатели и специалисты не будут скупиться на отзывы и комментарии, чтобы в последующем могли быть внесены соответствующие исправления.

Выражаем благодарность:

Организатор с китайской стороны:

Харбинский политехнический университет

Университеты, принявшие участие с китайской стороны (в алфавитном порядке китайского языка):

Пекинский политехнический университет

Чунцинский университет

Юго-восточный университет

Цзилиньский университет

Тяньцзиньский университет

Университет Тунцзи

Сианьский университет Цзяотун

Северо-западный политехнический университет

Чжецзянский университет

Организатор с российской стороны:

Московский государственный технический университет имени Н.Э. Баумана

Университеты, принявшие участие с российской стороны (в алфавитном порядке русского языка):

Амурский государственный университет

Дальневосточный федеральный университет

Ижевский государственный технический университет имени М.Т. Калашникова

Московский авиационный институт

Московский автомобильно-дорожный государственный технический университет (МАДИ)

Московский государственный университет информационных технологий, радиотехники и электроники

Московский энергетический институт

Национальный исследовательский технологический университет "МИСиС"

Новосибирский государственный технический университет

Пермский национальный исследовательский политехнический университет

Российский государственный университет нефти и газа имени И.М. Губкина

Самарский государственный аэрокосмический университет имени академика С.П. Королева

Санкт-Петербургский государственный электротехнический университет «ЛЭТИ» имени В.И.Ульянова (Ленина)

Санкт-Петербургский национальный исследовательский университет информационных технологий, механики и оптики

Санкт-Петербургский политехнический университет Петра Великого

Северо-Восточный федеральный университет имени М.К. Аммосова

Сибирский федеральный университет

Тихоокеанский государственный университет

Томский политехнический университет

Уральский федеральный университет имени первого Президента России Б.Н. Ельцина

Южно-Уральский государственный университет

Особая благодарность:

Российский культурный центр в Пекине

Ассоциация технических университетов России и Китая

1945-2015
伟大的胜利

前　言

2015年是中国人民抗日战争暨世界反法西斯战争胜利70周年。70年前，中俄两国无数军民英勇无畏，浴血奋战，取得了世界反法西斯战争的伟大胜利，为推动民族解放运动开辟了广阔道路，为维护国际和平与安全做出了巨大贡献，对人类文明进步产生了持久影响。世界反法西斯战争的胜利是20世纪世界历史上的重大事件，也是战争史上的奇观。2014年2月6日，中俄两国元首宣布双方将共同举办庆祝世界反法西斯战争暨中国人民抗日战争胜利70周年活动。其意义不仅在于深刻缅怀为胜利做出不朽贡献的英雄和老战士，还在于培养青年一代深刻反思法西斯主义和军国主义，以使类似的悲剧在未来任何时候都不会在两国历史和人类历史中重演。

中俄工科大学联盟（简称“阿斯图”）成立于2011年3月6日，由哈尔滨工业大学和莫斯科鲍曼国立技术大学牵头成立。联盟吸引中俄双方共47所精英大学加盟，其中包括43所正式成员和4所观察员学校。中方正式成员高校21所，观察员院校3所，含C9联盟3所（985首批3所）、985高校14所、211高校17所以及澳门大学、香港城市大学、香港科技大学、香港理工大学。俄方正式成员高校22所，观察员院校1所，含国家研究大学11所、联邦制大学4所、俄罗斯联邦5-100计划精英大学8所。阿斯图联盟院校在科技人文交流、高层次人才培养、高水平科研合作等领域开展了一系列特色活动，开创了中俄同类高校联盟的先河，成为近年中俄两国总理会晤机制高层会谈的热点。

中国“一带一路”重大发展战略构想的提出，使亚欧区域合作迈入全新的历史发展阶段。俄罗斯作为连接亚欧大陆的重要节点，更是成为“一带一路”发展建设的重要战略伙伴。值此中俄同庆世界反法西斯战争伟大胜利之际，阿斯图联盟院校以“铭记历史、缅怀先烈、珍视和平、开创未来”为主题出版反法西斯战争中的中俄工科大学联盟院校纪念画册。画册围绕反法西斯战争期间联盟院校各自教学活动开展，师生支援抗战英雄事迹以及所在城市战时建设发展情况等多个主题从不同侧面、不同角度生动再现出联盟高校积极支持抗战，参与抗战，保家卫国的历史画面。以此增强中俄两国青年人的爱国意识、培养爱国主义情怀，保卫国家利益，增进两国青年人的友谊，传承中俄世代友好，开创中俄两国的美好未来。

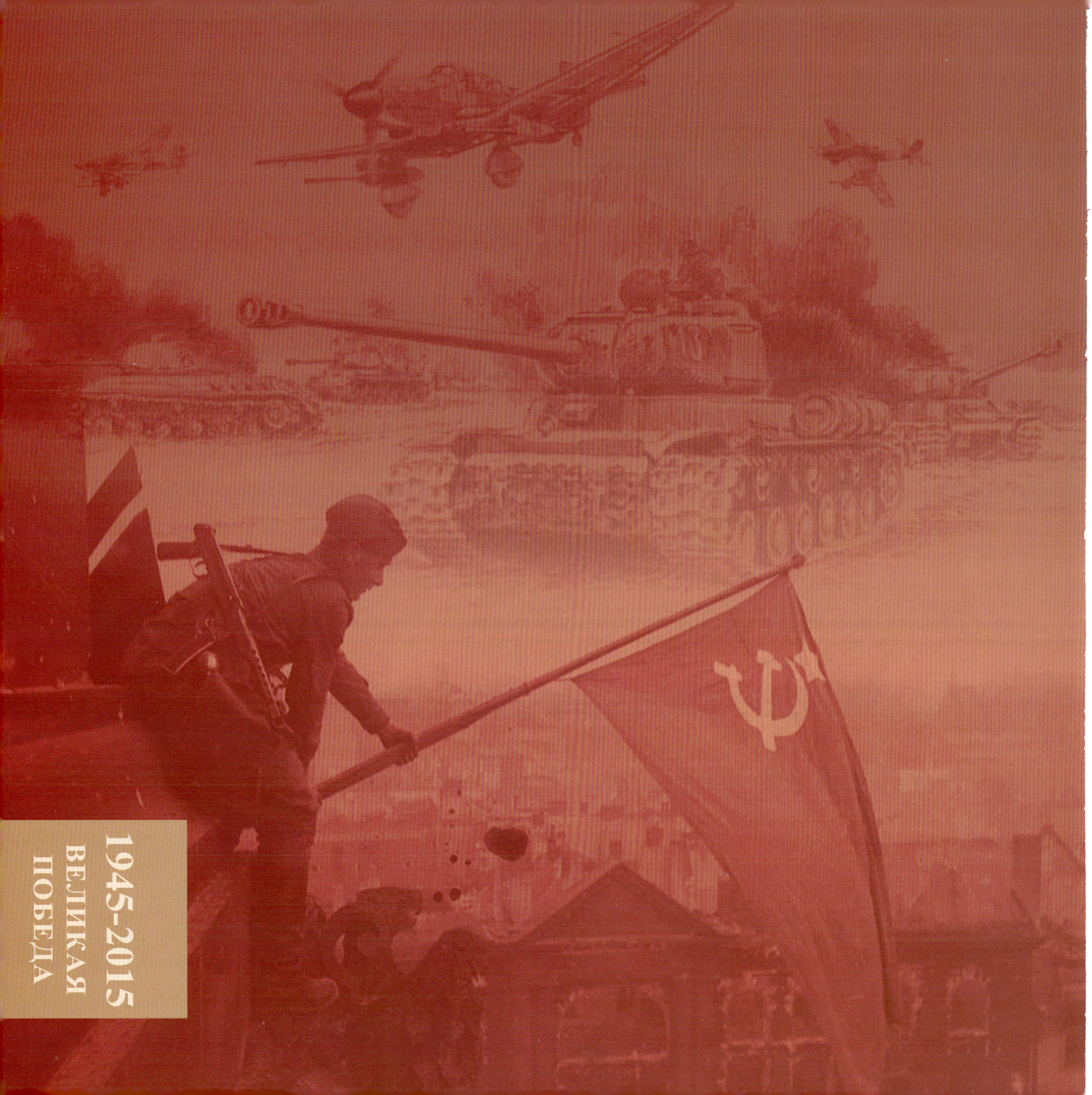
1945-2015
ВЕЛИКАЯ
ПОБЕДА

Предисловие

2015 год – год 70-летия победы китайского народа в войне сопротивления японским захватчикам и победы над фашизмом во Второй мировой войне. 70 лет назад, отважно и бесстрашно сражаясь в кровопролитных боях, бесчисленное количество российских и китайских солдат одержали Великую Победу над фашистами в мировой войне, тем самым открыв простор для продвижения национально-освободительного движения, сделав огромный вклад в сохранение мира и безопасности на всей Земле, а также оказав длительное влияние на развитие человеческой цивилизации. Победа в антифашистской войне – это крайне важное событие в истории 20 века, а также удивительное событие в военной истории. 6 февраля 2014 года главы России и КНР объявили о намерении совместного празднования годовщин 70-летия победы над фашистами во Второй мировой войне и победы китайского народа в войне сопротивления японским захватчикам. Смысл мероприятий не только в том, чтобы почтить память ветеранов и героев, совершивших ради победы бессмертные подвиги, но и в воспитании в молодом поколении дух борьбы против фашизма и милитаризма, чтобы в будущем не повторилась эта трагедия в истории двух стран и народов.

Ассоциация технических университетов России и Китая (АТУРК) была основана 6 марта 2011 года по инициативе Харбинского политехнического университета и Московского государственного технического университета имени Н.Э. Баумана. В настоящую ассоциацию входит 47 престижных университетов России и Китая, в том числе 43 университета-члена и 4 университета-наблюдателя. С китайской стороны количество университетов-членов – 21, количество университетов-наблюдателей – 3 (3 университета из Лиги университетов С9, т.е. первые 3 университета в списке университетов национального проекта «985», 14 университетов из списка «985», 17 университетов из списка университетов национального проекта «211» и Аомэньский университет, Городской университет Гонконга, Гонконгский университет науки и технологии, Гонконгский политехнический университет). С российской стороны количество университетов-членов – 22, количество университетов-наблюдателей – 1 (11 государственных исследовательских университетов, 4 федеральных университета и 8 университетов из проекта 5-100 РФ.) Университеты АТУРК провели ряд характерных мероприятий в сферах научно-технических и гуманитарных обменов, подготовки кадров высокого уровня, научно-исследовательского сотрудничества и т.д., положили начало созданию подобных объединений между университетами Китая и России, а также стали горячей темой для обсуждения на встречах высокого уровня между премьер-министрами двух стран.

Внедрение китайской стратегии масштабного развития «Один пояс, один путь» способствовало тому, что сотрудничество в евроазиатском регионе шагнуло в принципиально новый этап развития в истории. Россия является главным связующим звеном в евразии, поэтому также является главным стратегическим партнёром в развитии осуществления концепции «Один пояс, один путь». По случаю совместного празднования Великой победы против фашистов во Второй мировой войне университеты АТУРК издали фотоальбом «Университеты АТУРК во время антифашистской войны». Фотоальбом пройдет под девизом «запечатлеть историю, почтить память, дорожить миром, открыть будущее». Фотоальбом охватывает исторические кадры, на которых с разных сторон и разных углов запечатлено живое проявление активной помощи университетов ассоциации в войне, их участие в военных действиях, защита отечества, показано, как велась во время антифашистской войны учебная деятельность, как преподаватели и студенты помогали в борьбе с агрессором, совершая героические поступки, отражено развитие строительства в городах в военное время и другие важные темы. Благодаря этому укрепляется любовь молодого поколения России и Китая к Родине, воспитывается патриотизм, защищаются национальные интересы, укрепляется дружба между молодежью двух стран, укрепляется многовековая дружба между обеими странами, таким образом мы вносим конструктивный вклад в счастливое будущее России и Китая.

中俄工科大学联盟院校

中方成员院校：

哈尔滨工业大学（联盟发起单位，中方常设秘书处）

澳门大学

北京理工大学

大连理工大学

哈尔滨工程大学

华中科技大学

南京航空航天大学

天津大学

西安交通大学

香港城市大学

香港理工大学

北京航空航天大学

重庆大学

东南大学

华南理工大学

吉林大学

南京理工大学

同济大学

西北工业大学

香港科技大学

浙江大学

俄方成员院校：

莫斯科鲍曼国立技术大学（联盟发起单位，俄方常设秘书处）

阿穆尔国立大学

伊热夫斯克国立技术大学

莫斯科国立汽车公路技术大学

莫斯科动力学院

新西伯利亚国立技术大学

俄罗斯国立石油天然气大学

圣彼得堡国立电工大学

彼得大帝圣彼得堡工业大学

西伯利亚联邦大学

托木斯克理工大学

南乌拉尔国立大学

远东联邦大学

莫斯科航空学院

莫斯科国立信息技术、无线电工程及电子大学

莫斯科钢铁合金学院

彼尔姆国立科研理工大学

萨马拉国立航空航天大学

圣彼得堡国家信息技术、机械学与光学研究型大学

东北联邦大学

太平洋国立大学

乌拉尔联邦大学

中方观察员院校：

长春理工大学

中国石油大学（北京）

西安石油大学

俄方观察员院校：

阿穆尔共青城国立技术大学

Университеты ассоциации технических университетов России и Китая

Университеты-члены АТУРК с российской стороны:

Московский государственный технический университет имени Н.Э. Баумана (учредитель АТУРК, постоянная дирекция АТУРК с российской стороны)

Амурский государственный университет

Дальневосточный федеральный университет

Ижевский государственный технический университет имени М.Т. Калашникова

Московский авиационный институт

Московский автомобильно-дорожный государственный технический университет (МАДИ)

Московский государственный университет информационных технологий, радиотехники и электроники

Московский энергетический институт

Национальный исследовательский технологический университет "МИСиС"

Новосибирский государственный технический университет

Пермский национальный исследовательский политехнический университет

Российский государственный университет нефти и газа имени И.М. Губкина

Самарский государственный аэрокосмический университет имени академика С.П. Королева

Санкт-Петербургский государственный электротехнический университет «ЛЭТИ» имени В.И.Ульянова (Ленина)

Санкт-Петербургский национальный исследовательский университет информационных технологий, механики и оптики

Санкт-Петербургский политехнический университет Петра Великого

Северо-Восточный федеральный университет имени М.К. Аммосова

Сибирский федеральный университет

Тихоокеанский государственный университет

Томский политехнический университет

Уральский федеральный университет имени первого Президента России Б.Н. Ельцина

Южно-Уральский государственный университет

Университеты-члены АТУРК с китайской стороны:

Харбинский политехнический университет (учредитель АТУРК, постоянная дирекция АТУРК с китайской стороны)

Аомэньский университет

Пекинский аэрокосмический университет

Пекинский политехнический институт

Чунцинский университет

Даляньский политехнический университет

Юго-восточный университет

Харбинский инженерный университет

Южно-Китайский технологический университет

Хуачжунский университет науки и технологии

Цзилиньский университет

Нанкинский аэрокосмический университет

Нанкинский политехнический университет

Тяньцзиньский университет

Университет Тунцзи

Сианьский университет Цзяотун

Северо-западный политехнический университет

Городской университет Гонконга

Гонконгский университет науки и технологии

Гонконгский политехнический университет

Чжэцзянский университет

Университеты-наблюдатели АТУРК с российской стороны:

Комсомольский-на-Амуре государственный технический университет

Университеты-наблюдатели АТУРК с китайской стороны:

Чанчуньский политехнический университет

Сианьский нефтяной университет

Китайский университет нефти (Пекин)

编者语

尊敬的各位读者：

中俄工科大学联盟（英文全称 Association of Sino-Russian Technical Universities，简称阿斯图联盟）于 2011 年 3 月 6 日在中国深圳成立。联盟由哈尔滨工业大学与莫斯科鲍曼国立技术大学共同发起成立，汇集中俄两国 47 所顶尖工科院校（正式成员院校 43 所，观察员院校 4 所）。作为“中俄人文合作委员会”框架下的有效交流平台，经过近几年的快速发展，联盟建设不断取得新进展、新突破，中俄大学生机器人创新大赛、阿斯图中俄大学开放日系列活动、2012~2013 阿斯图友谊火车计划、阿斯图高水平专题学术研讨会、阿斯图中俄联合研究生院、阿斯图总部落户青岛、2014 中俄青年科学家交流论坛、2014 阿斯图相聚圣彼得堡、2014 阿斯图青年冰雪大联欢、2015 阿斯图相聚上海、2015 阿斯图相聚彼尔姆等一系列特色活动的举办和机构的成立，在中俄两国社会各界产生了广泛影响，开创了中俄同类高校联盟的先河，为中俄两国同类高校开展合作树立了典范。

中国丝绸之路经济带建设和俄罗斯欧亚经济联盟建设为两国发展战略的交汇与对接提供难得的历史性发展机遇，同时也为欧亚大陆的整体发展与振兴注入新的强大动力。人文交流是人类沟通情感和心灵的桥梁，是不同国家和地区之间加深理解和信任的纽带，是不同文明之间加强对话和交流的渠道，是推进文明和谐与共同繁荣的基础。教育是人文交流的重要载体，是培育人文修养、传承人文精神和人民力量的重要途径。 联盟计划依托各中俄院校优势资源，以中俄科技、人文交流历史为题材，出版阿斯图文化系列丛书，传承阿斯图理念，扩大联盟在中俄两国的文化影响力。

2015 年是中国人民抗日战争暨世界反法西斯战争胜利 70 周年。中国和前苏联作为二战亚洲和欧洲主战场，中国人民和俄罗斯人民在反法西斯和军国主义的战斗中相互支持，相互援助，并肩战斗，用鲜血和生命凝成了战斗友谊。 值此中俄同庆世界反法西斯战争伟大胜利之际，联盟院校凝神聚力，历时半载收集整理各校二战珍贵史料文献，编纂成册，记录中俄两国人民铸就伟大胜利的光辉历史。展望未来，中俄两国人民更将携手前进，同护和平，共促发展，继续为巩固世界持久和平和人类共同进步做出自己的贡献。

阿斯图文化系列丛书编写组

От автора

Уважаемые читатели:

6 марта 2011 года в китайском городе Шэньчжэнь была учреждена Ассоциация технических университетов России и Китая (АТУРК). АТУРК была основана Харбинским политехническим университетом и Московским государственным техническим университетом им.Н.Э. Баумана, в ее состав входят 47 выдающихся технических университетов России и Китая (43 из которых являются полноправными членами и 4 - наблюдателями). Будучи платформой успешных обменов в рамках «Комитета по российско-китайскому гуманитарному сотрудничеству», спустя несколько лет стремительного развития, АТУРК непрерывно добивается новых успехов и прорывов. Организация и создание студенческого инновационного конкурса-выставки роботов в рамках АТУРК, дней открытых дверей в рамках АТУРК, Поездов Дружбы АТУРК 2012-2013, специальной научной конференции на высоком уровне под эгидой АТУРК, совместной российско-китайской аспирантуры в рамках АТУРК, штаб-квартиры АТУРК в г. Циндао, форума молодых ученых России и Китая 2014, собрания АТУРК в Санкт-Петербурге 2014, Молодежного зимнего фестиваля АТУРК 2014, собрания АТУРК в Шанхае 2015, собрания АТУРК в Перми 2015 и других характерных мероприятий оказали огромное влияние на широкие круги общественности Китая и России, а также положили начало образованию подобных разнопрофильных ассоциаций высших учебных заведений России и Китая, став образцом развития сотрудничества между вузами двух стран.

Строительство экономического пояса «Нового шелкового пути» в Китае и создание Евразийского экономического союза в России предоставляют исключительную историческую возможность для слияния стратегий развития двух стран, а также придают мощный импульс для развития всей Евразии. Гуманитарные обмены – это мост для человеческого эмоционального и интеллектуального общения, это метод углубления взаимопонимания и доверия между разными странами и регионами, это способ укрепления диалога и обменов между различными культурами, это основа для стимулирования гармонии культур и совместного процветания. Образование является самой главной копилкой гуманитарных обменов, это основной путь совершенствования, передачи культурного духа и народной мощи.В Ассоциацией делается упор на ресурсные преимущества каждого университета, издаются книги культурной серии АТУРК, где в качестве основных тем – наука и техника России и Китая и история культурного сотрудничества, передача идей АТУРК, усиление культурного влияние Ассоциации в России и Китае.

2015 год – это год 70-летия победы в мировой антифашистской войне и победы китайского народа в борьбе с японскими захватчиками. Китай и территория бывшего Советского Союза были основными полями сражений в Европе и Азии во время Второй мировой войны. Китайский и советский народы, поддерживая и помогая друг другу, сражались плечом к плечу против фашизма и милитаризма, их дружба создавалась в бою ценой крови и жизней. По случаю совместного празднования Китаем и Россией великой победы над фашизмом вузы ассоциации сосредоточили внимание и объединили усилия в сборе ценных исторических документов касательно Второй мировой войны, и в течение полугода работали над изданием, в котором отражена блестящая история достижения великой победы народами двух стран. Говоря о будущем, российский и китайский народы рука об руку продвигаются вперед, совместно поддерживают мир и стимулируют развитие, продолжают вносить вклад в укрепление мира во всем мире и всеобщего человеческого прогресса.

Авторский коллектив культурной книжной серии АТУРК

目 录

СОДЕРЖАНИЕ

反法西斯战争中的中俄工科大学联盟

中方院校

Университеты АТУРК с китайской стороны
во время антифашистской войны

Harbin Institute of Technology

哈尔滨工业大学

哈尔滨工业大学（简称哈工大）始建于1920年，隶属于工业和信息化部，是首批进入国家“211工程”和“985工程”建设的若干所大学之一，是中国九校联盟（C9）成员院校之一。学校是一所以理工为主，理、工、管、文、经、法等多学科协调发展的国家重点大学。

哈工大是一所具有光荣革命传统的高等学府。早在1922年哈工大学生就参加了反帝救国斗争。在抗日战争期间，哈工大的进步学生成为抗日先锋，他们中有一批人为中华民族的解放事业献出了生命。1932年哈尔滨沦陷，不甘心受日本侵略者奴役的哈工大师生奋起抗战，举行示威游行，组织反日进步团体，倡导“工业救国”，英勇参军参战，用生命践行诺言，在中国抗日战争史上留下了光辉的篇章。

Харбинский политехнический университет

Харбинский Политехнический Университет (далее ХПУ) был основан в 1920 году, подчиняется Министерству промышленности и информатизации КНР, первым вошел в список университетов национальных проектов «проект 211» и «проект 985», а также и включён в состав Лиги университетов C9. ХПУ является мультидисциплинарным вузом и исследовательским институтом, охватывающим технические, естественные, управленческие, гуманитарные, экономические и юридические области наук.

ХПУ является высшим учебным заведением со славными революционными традициями. Даже в 1922 году студенты из ХПУ приняли участие в антиимпериалистической борьбе за спасение Родины. В течение борьбы прогрессивные студенты из ХПУ стали пионерами в антияпонской борьбе, некоторые из них отдали свою жизнь за освобождение нации Китая. Харбин был захвачен японцами в 1932г., студенты и преподаватели Харбинского политехнического университета не могли смириться с японскими захватчиками, они проводили демонстрации, организовали антияпонские прогрессивные группы, выступали за "промышленное спасение Родины", героически ушли в армию и вступили в войну, отдали жизнь, оставили блестящую главу в истории китайской Антияпонской войны.

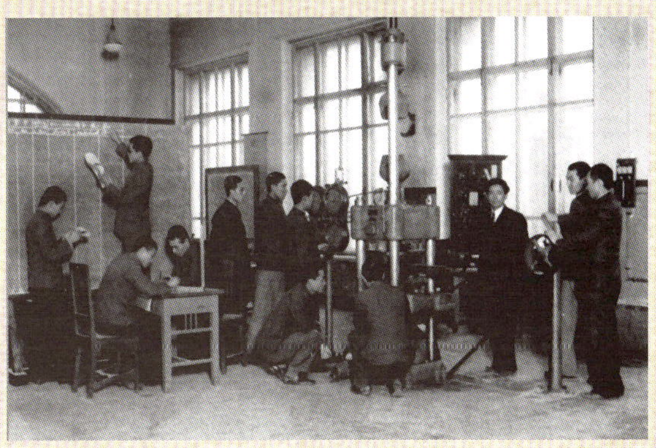

1 2
3 4

1920 年建校的校舍，许多党员和青年学生在这里被捕。
В 1920 году был создан первый учебный корпус, впоследствии в этом здании было арестовано много членов партии и молодых студентов.
1938 年俄语教学的最后一批毕业生和教职员合影
1938 г., групповой снимок студентов последнего выпускного курса по русскоязычному обучению и преподавателей
建筑结构分析
Анализ структуры здания
材料实验室的拉伸试验
Исследования на растяжение в лаборатории материаловедения

校长（兼） 冯仲云 （1949~1951）

Ректор (по совместительству) Фэн Чжунъюнь (1949-1951)

冯仲云，中共北满省委书记，东北抗日联军第三路军政委。

Фэн Чжунъюнь, секретарь КПК северных провинций Китая, коммисар третьего отряда северо-восточной антияпонской армии.

1943 年，东北抗日联军教导旅部分干部合影。二排左二为冯仲云，前排右二为金日成（曾任朝鲜国家主席）。

Снимок некоторых кадров Северо-восточной антияпонской армии в 1943 году, второй ряд слева Фэн Чжунъюнь, в первом ряду второй справа Ким Ирсен (первый председатель КНДР).

1 2
3 4

↑

刘振堂，1960~1964 年 6 月任哈工大党委副书记。1931 年在红军第四军任司号长的刘振堂，组织编制了“红军号谱”，该号谱在八路军和解放军中一直沿用至今。1934 年 10 月，刘振堂随中央红军（一方面军）参加了两万五千里长征。红军两万五千里长征实现了北上抗日的战略大转移。

Лю Чжэньтан, с 1960 по июнь 1964 гг. работал заместителем секретаря парткома ХПУ. В 1931 году служил старшим трубачом в Красной армии №4, под его руководством было написано произведение «нота Красной армии», которое используют в Восьмой армии и Народно—освободительной армии до сих пор. В октябре 1934 года он принял участие в великом походе в 25 000 ли (12 500 км) с Красной армией КПК (Армией первого фронта). Совершив великий поход в 25000 ли на север Китая, Красная армия КПК осуществила важный стратегический ход в борьбе против японских захватчиков.

《中国工农红军军用号谱》是极为珍贵的国家一级文物。

«Военная нота Рабочекрестьянской красной армии» – драгоценная первоклассная реликвия Китая.

长征途中过雪山

Проход через снежные горы во время Великого похода

1945 年 8 月，刘振堂和夫人李世鸿从延安到东北途中。

В августе 1945 года Лю Чжэньтан и жена Ли Шихун в пути из Яньаня на Северо—Восток.

刘宗唐，哈工大桥梁工程专业毕业。1942年，日军封锁了通向中国的国际运输线。抗战艰难时期，刘宗唐与其他 4 名有着同样专业技术的汉族爱国青年率领一支由 1 300 多新疆少数民族驮工、1 500 匹驮马组成的运输队伍，徒步翻越喜马拉雅山脉和喀喇昆仑山脉，延续 3 年，辗转 5 个国家和地区，行程 20 000 多公里，历尽千辛万苦，冒死将一批盟国援助的抗战物资从印度运回中国。

Лю Цзунтан – выпускник факультета проектирования мостов ХПУ. В 1942 году японские захватчики блокировали ведущие в Китай международные автострассы. В трудный период, Лю Цзунтан и другие четверо юношей той же специальности возглавили отряд из 1300 синьцзянских представителей, с помощью 1500 рабочих лошадей, пешком через горные хребты Гималаи и Каракум, в течение 3 лет проходили пять стран и регионов, рискуя жизнью, преодолели более 20000 км пути, чтобы доставить отданные странами-союзниками военные грузы из Индии в Китай.

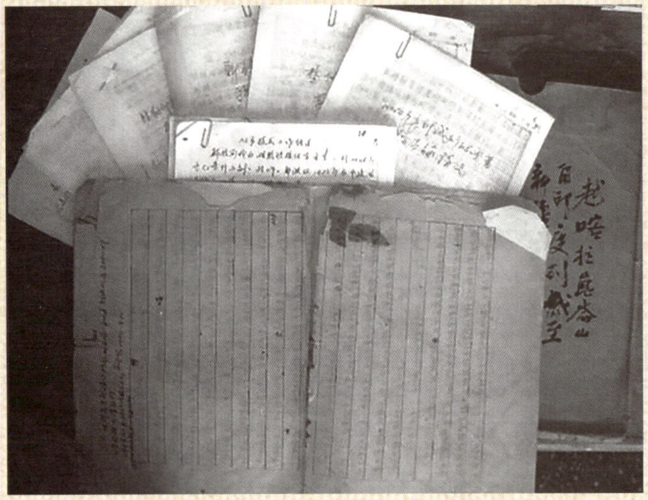

《驮工日记》——刘宗唐保存的踏勘日记

«Дневник рабочего-верблюда» – Лю Цзунтан сохранил дневник разведки

坡度足有 35 度以上

Склон более чем в 35 градусов

任震英，1929 年考入哈工大建筑学专业，曾任哈工大党团支部书记，负责为赵尚志领导的抗联第三军收集、传递情报。

Жень Чженъин в 1929 был принят специальностью по архитектуре, бывший секретарь ячейки партии и комсомола ХПУ, исполнял обязанности за сбор и передачу информации для третьей антифашистской армии, возглавленной Чжао Шанчжи.

1937 年，任震英与侯竹友在北平举行婚礼。这场婚礼成为从东北来到北平的革命同志的一次集会。

В 1937 году Жень Чженъин и Хоу Чжую сыграли свадьбу в Бэйпине (нанешний Пекин). Свадьба была как собрание революционных товарищей Северо-Востока в Бейпине.

赵洵，1931 年考入哈工大预科，1934 年加入中国共产党，是中国著名的政坛翻译家，译著代表作有《钢铁是怎样炼成的》。她生活富裕却省吃俭用，为抗联部队购买生活用品和药品，并在夜里秘密送往抗日联军。她拒绝了父亲两次送她出国留学的机会。日本投降后，回东北筹备外语专门学校的复校工作。曾任哈尔滨外国语学校（黑龙江大学前身）教务主任、副校（院）长。

Чжао Сюнь в 1931 году была принята на подготовительный факультет ХПУ, в 1934 году вступила в коммунистическую партию, являлась выдающимся переводчиком на политической трибуне Китая, перевела роман «Как закалялась сталь». Она была богата, но жила очень скромно и приобретала жизненные товары и медикаменты для сил сопротивления, ночью тайно доставляла их антияпонской армии. Ее отец дважды предлагал ей обучение за границей, но она отказалась. После капитуляции японцев, она вернулась на северо-восток и принялась за возобновление училища иностранных языков. Являлась ответствующей за учебные дела, и проректором Харбинского училища иностранных языков (предшественник Хэйлунцзянского университета).

张冲，曾任国民党中央执委，是蒋介石同延安、莫斯科联系的秘密专使。他拥护中国共产党的统一政策，为国共合作、团结抗日做出了卓越贡献。1925年考入铁路建筑科。并参与翻印了最早揭露日本侵华真相的《田中奏折》。

Чжан Чун, был исполнителем центрального комитета Гоминьдан, тайным специальным посланником Чан Кайши в Яньане и Москве. Он поддерживал политику единства КПК, внес выдающийся вклад в сотрудничество между КПК и Гоминьданом с целью единого сопротивления Японии. В 1925 году он поступил на факультет строительства железных дорог и принял участие в перепечатке «Докладная записка Танака», в которой впервые разоблачили агрессивные действия Японии в Китае.

每次国共谈判，张冲都与周恩来紧密协作，为国共合作奔走呼号，成为周恩来的朋友。（左起：叶剑英、张冲、周恩来）

Каждый раз, во время переговоров между КПК и Гоминьданом, Чжан Чун активно помогал Чжоу Эньлаю, выступал за сотрудничество двух партии, был другом Чжоу Эньлая. Слева: Е Цзяньин, Чжан Чун, Чжоу Эньлай.

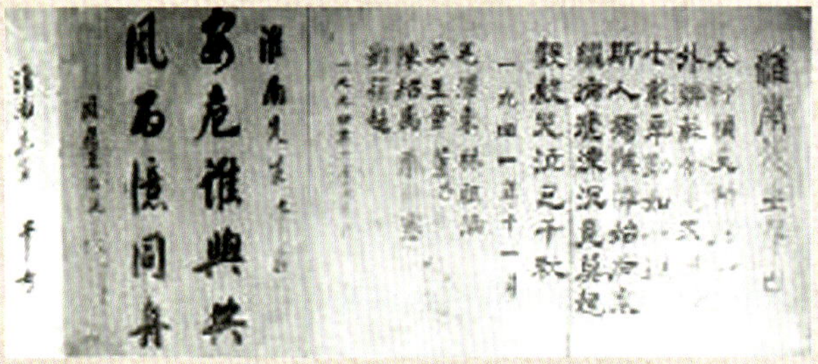

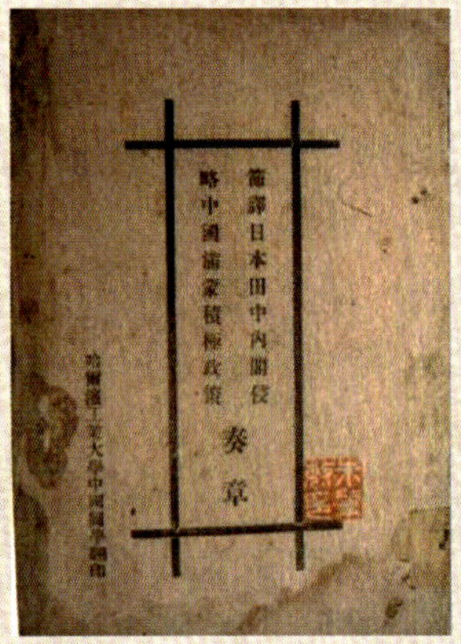

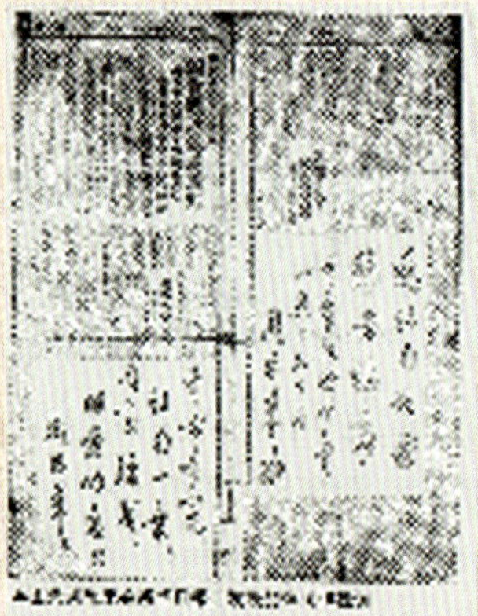

1
2 3
↑

张冲墓碑上毛泽东和周恩来的题词。

Надпись от Мао Цзэдуна и Чжоу Эньлая на могильной плите Чжан Чуна.

哈工大学生翻印的《节译日本田中内阁侵略中国满蒙积极政策》奏折。

Перепечатанная студентами ХПУ Докладная записка «Часть перевода политики агрессивного кабинета министров Японии Танака против регионов Маньчжурии и Монголии Китая»

周恩来在《新华日报》上发表的悼词。

Траурная речь Чжоу Эньлая в «Ежедневной газете Синьхуа».

發　刊　詞

同樣的學工業，不是智慧不及人，也不是努力不及人；然而所得的效果總是事倍功半；這不是文字隔閡的緣故嗎？請看國內致力工業的人們，誰個不是爲學外國文字而犧牲了許多寶貴的光陰。難道這樣不經濟的途徑，將永無止境？

國內的工業先進，當初也是同樣的感覺着這種痛苦；不過一經學成入世，受到社會的脅迫，薰染；常是「好了瘡疤忘却痛」

因此我們趁著血還沸，氣還盛，在較自由的學生立場，誠愿犧牲金錢，時間和一切，創發了「電汽機」雜誌。宗旨是：練習大家譯著的能力，引起一般人對于工業的興趣和介紹歐美工業的新知識。

不過少數人的精力，究竟有限；所以內容免不掉有些淺鮮和錯誤。深望大家團結起來，用羣的力量，扶植大家的「電汽機」；使牠得放大光明！

諸位工業的同志們！幹！努力幹！！我們要羣策羣力開發工業界的新途徑！

1929 年入学的电二班中国学生创办了技术刊物《电汽机》，旨在交流学术观点、介绍苏联工业建设经验，团结抗日力量，致力于“工业救国”。

С целью обмена научными идеями, введения опыта советской промышленности, соединения сил сопротивления против Японии, студенты 2-ой группы по специальности электроники, которые в 1929 году поступили в университет, создали технический журнал «Электро-паровая машина».

《电汽机》杂志社社员
Сотрудники журнала « Электро-паровая машина»

社长 常荫集
Президент, Чан Иньцзи

总编 孙运旋
Главный редактор, Сунь Юньсюань

副总编 沙荫田
Заместитель главного редактора, Ша Иньтянь

杂志社社员 张正伦（烈士）
Член сообщества журнала, Чжан Чжэнлунь (герой)

封面设计 郭诗敏 20 世纪 40 年代被捕入狱，出狱后病逝
Дизайн обложки, Го Шиминь, в 40-х годах XX века находился в тюремном заключении, после освобождения скончался

Beijing Institute of Technology

北京理工大学

北京理工大学是新中国成立以来国家历批次重点建设的高校，首批进入国家“211 工程”和“985 工程”建设行列。学校在教学和科研方面处于领先地位，专业领域涵盖工程、理学、管理与社会科学。科研经费和获得的科研奖项在中国内地高校中位居前 10 位。

北京理工大学的前身是 1940 年成立于延安的自然科学院。1940 年初，中华民族的抗日战争正值最困难的相持阶段，党中央根据陕甘宁边区当时的实际情况和对科技人员的迫切需求，高瞻远瞩，决定将以协助边区发展工业生产为主要任务的延安自然科学研究院改为自然科学院，开创了我党创办高等自然科学教育的先河，并明确提出：自然科学院既从事科学研究和实验，又要培养抗战建国的技术干部和专门人才。中国共产党创建的第一所理工科大学在延安诞生了。

Пекинский политехнический институт

Пекинский политехнический институт стал одним из ведущих вузов после образования КНР, и первым вошел в список университетов национального проекта «проект 211», и является одним из университетов «проекта 985». Институт лидирует по обучению и в исследовательской работе, специальности охватывают инженерные, естественные, управленческие и общественные науки. По показателю финансовых вложений в научно-исследовательские работы со стороны правительства и получения научно-технологических наград институт входит в список первых 10 университетов Китая.

Предшественником Пекинского политехнического института была Яньаньская академия естественных наук, которая была создана в 1940 году. В начале 1940 года, были самые трудные моменты антияпонская войны, в связи с практическим обстоятельством округа Шаньси-Ганьсу-Нинся и срочной потребностью в научно-технических специалистах, ЦК КПК решил перестроить научно-исследовательский институт в Яньаньскую академию естественных наук. Академия естественных наук одновременно занимается, как научными исследованиями и разработками, так и подготовкой кадров для страны. Таким образом, появился в Яньане первый институт технических наук, который был создан Коммунистической партией Китая.

1 2
3 4

自然科学院远景
Академия естественных наук

自然科学院西门
Западный вход Академии естественных наук

延安宝塔——圣地的象征
Яньаньская башня—символ святой земли

延河边休息的师生们
Отдыхающие на берегу реки Яньхэ

1 2
3 4

窑洞外上课
Занятия под открытым небом возле пещеры
工人正在生产毛兰草纸
Рабочие за производством бумаги
边区盐池
Соляное озеро в пограничном районе
翻砂
Литейное дело

1 2
3 4

冲刺

Спринт

杨作材设计并指导建设的中共中央大礼堂

Строительство актового зала ЦК КПК (конструктор и руководитель – Янзоцэ)

延安当时罕见的大规模建筑：学校科技馆

Масштабное строительство - музей науки и техники университета

兵工生产

Изготовление боеприпасов

1 2
3 4

↑

工专学生在做宣传工作
Студенты проводят агитацию

工专学生在上课
Студенты на занятиях

自己动手制作的简易体育器材
Самодельный инвентарь для занятий физкультурой

学校的炼铁小高炉
Малая чугуная доменная печь в университете

学校已拥有了当时较先进的实验设备

В то время университет располагал передовым (по меркам того времени) лабораторным оборудованием

与苏联专家座谈会

Беседа с советскими специалистами

Chongqing University

重庆大学

重庆大学创办于 1929 年，是教育部直属、国家“211 工程”和“985 工程”重点建设的全国重点综合型大学。2000 年 5 月，原重庆大学与重庆建筑大学、重庆建筑高等专科学校合并组建新的重庆大学，其优势学科从机电、能源、材料、信息、生物、经管等扩大到建筑、土木、环保等学科。

学校设有 6 个学部：理学部、社会科学学部、人文学部、工程学部、建筑学部、信息学部，共 32 个学院。全日制在校学生 50 000 余人。在职教职工 5 200 余人，其中教师 2 700 余人，中国工程院院士 5 人。

学校坚持国际化发展战略，与美、英、法、德、俄等 20 多个国家的 125 所知名高校以及国际知名的跨国公司、研究机构建立了良好的合作关系。学校作为教育部指定的接收中国政府奖学金生的院校，已接受来自五大洲的 124 个国家的留学生，并被教育部列为中国首批来华留学示范基地建设高校。

重庆大学将继续朝着建设国内一流、国际知名、特色鲜明的研究型综合性大学的办学目标不懈努力。

Чунцинский университет

Чунцинский университет был основан в 1929 году, подчиняется Министерству образования КНР. Университет включен в число ведущих междисциплинарных вузов «проекта 211» и «проекта 985». В мае 2000 года, в состав Чунцинского университета входили Чунцинский строительный университет и Чунцинское высшее учебное заведение строительства, в котором продвигались ведущие научные направления, такие как: машиностроение, энергетика, материаловедение, информатика, биология, хозяйственное управление, архитектура, гражданское строительство, экология.

Университет состоит из 6 отделений: отделение естественных наук, общественных наук, гуманитарных наук, инженерное отделение, архитектурное и информационное отделение. В настоящее время в университете функционирует 32 колледжа, обучается порядка 50,000 студентов, общая численность сотрудников достигла 5,200 человека, в том числе 2,700 преподавателей, 5 академиков Инженерной Академии Китая.

Университет придерживается стратегии международного сотрудничества, установлены дружественные отношения более чем с 125 университетами, известными в мире корпорациями и научными учреждениями, которые представляют более 20 стран, таких как США, Англия, Франция, Германия, Россия и др. Университет получил право принимать иностранных студентов, приехавших в Китай по премии китайского правительства, сейчас в нём учатся иностранные студенты из 124 стран всего мира. Все это позволило ему войти в число лидирующих исследовательских вузов в Китае и известных междисциплинарных университетов мира, и к этой цели будет продолжаться стремиться Чунцинский университет.

1 2
3

1938 年和 1946 年，周恩来先后两次赴重庆大学演讲。图为 1946 年 2 月 7 日，周恩来同志在重庆大学爱国运动委员会同学的陪同下到学生食堂做报告。

В 1938-ом и 1946-ом году, Чжоу Эньлай два раза выступал с речью в чунцинском университете. Фото: Седьмого февраля 1946 года, товарищ Чжоу Эньлай, в сопровождении студентов комитета по патриотическому движению чунцинского университета, выступал с речью в студенческой столовой.

1940 年被日机轰炸的工学院大楼

Корпус политехнического института после бомбардировки. 1940 год

1940 年马寅初被捕后，回学校取衣服时在大操场与师生合影。

Групповой снимок преводователей и студентов с Ма Иньцуй. 1940 год. (Тогда Ма Иньцуй был арестован, он возвращался в институт за одеждой, и фотографировался с преподавателями и студентами.)

大轰炸纪念碑
Монумент по случаю бомбардировки

何其忱
Хэ Цичэнь

何其忱所在的飞虎队
Отряд особого назначения «летающие тигры», где служил Хэ Цичэн

中央大学（重庆大学前身）原貌
Старый Центральный университет (предшественник Чунцинского университета)

原中央大学（重庆大学前身）纪念亭
Павильон в память бывшего Центрального университета (предшественник Чунцинского университета)

Southeast University

东南大学

东南大学是中央直管、教育部直属的全国重点大学，是“985 工程”和“211 工程”重点建设的大学之一。经过一百多年的创业发展，如今的东南大学已成为一所以工科为主要特色，理学、工学、医学、文学、法学、哲学、教育学、经济学、管理学、艺术学等多学科协调发展的综合性、研究型大学。

东南大学前身——国立中央大学不仅是南京国民政府时期的最高学府，也是抗战时期国内规模最大、系科最全的大学。1937 年 7 月，日本发动了全面的侵华战争。面对强敌的进犯和血腥屠杀，为求坚持长期抗战，不少学校机构自东部沿江沿海经济文化发达地区西迁。在这次西迁行动中，国立中央大学成了率先的前奏。在抗战时期的艰苦条件下，中央大学不仅没有因战争环境削减其发展趋势，反而向充实、扩展与提高的道路上更迈进了一步。

Юго-восточный университет

Юго-восточный университет является одним из ведущих университетов Китая, в прямом подчинении Министерству образования, входит в список университетов, принимающих участие в реализации программ КНР «Проект 211» и «Проект 985». Пройдя 100-летнее развитие, сегодняшний Юго-восточный университет стал междисциплинарным, исследовательским вузом, где сочетаются технические науки с медицинскими, литературными, юридическими, философскими, педагогическими, экономическими, управленческими и искусственными науками.

Предшественником Юго-восточного университета был Государственный центральный университет. Он был высшим заведением национального правительства Нанкина, и самым крупным, охватывающим много специальностей университетом в Китае в период антияпоской войны. В июле 1937 г. Япония развязала агрессивную войну в Китае. Под наступлением врагов, в опасности кровавой резни, многие университеты начали эвакуироваться с районов восточного побережья с развитой экомоникой на западный район Китая. Государственный центральный университет был одним из первых в ходе эвакуации. Но не смотря на все тяготы и лишения, университет не замедлил ход развития, а продвигался вперёд по пути расширения масштаба и повышения уровня.

1 2
3

日本军队占领南京城

Японская армия заняла город Нанкин.

南京大屠杀街头遇难同胞

Страдавшие на улице Нанкина во время массовой нанкинской резни

日军炮火下的中央大学艺术学院

Художественный институт Центрального университета под огнем японских захватчиков.

1 2
3 4

国民党军队在南京城外痛击日本飞机
Гоминьдановские войска дают ответный удар японским самолетам за городом Нанкин.

南京中央大学学生组织义勇军，这是他们在高呼抗日口号。
Студенты-добровольцы Нанкинского центрального университета провозглашают антияпонские лозунги.

南京保卫战
Битва за Нанкин

抗战期间，中央大学 1937 年由南京迁至重庆。
Во время войны, в 1937 году, Центральный университет был эвакуирован из Нанкина в Чунцин.

南京受降仪式现场
Прием капитуляции японцев в Нанкине.

南京受降仪式
Прием капитуляции японцев в Нанкине.

中华门东翼工事，南京保卫战遗存
Укрепление восточного фланга Чжухуамэнь
– от Битвы за Нанкин.

1 2
3

这是一枚 1945 年年 9 月 9 日在南京首发的“中国战区日本投降签字典礼纪念”之中华民国航空邮票，面值 30 分，背景是驼峰航线。

Авиационная марка в честь «Прием капитуляции Японии в Китае 9 сентября 1945 г.», номинал в 30 фэней, впервые выпущенная в Накине, на фоне авиатрассы Горб.

↑

首个国家公祭日

Первая национальная гражданская панихида

侵华日军南京大屠杀遇难同胞纪念馆

Мемориальный музей в память соотечественников, которые пострадали во время Нанкинской резни

1931 年建成的东南大学礼堂
построенный в 1931 году Актовый зал Юго-восточного университета

东南大学新校区
Новый кампус Юго-Восточного Университета

Jilin University

吉林大学

2000 年 6 月与吉林大学合并的白求恩医科大学，其前身是 1939 年创建于华北抗日根据地的晋察冀军区卫生学校，著名国际主义战士、加拿大胸外科专家诺尔曼·白求恩大夫亲自参与了学校的创建和教学工作。白求恩逝世后，为了学习和纪念这位伟大的国际友人，学校改名为白求恩学校，附属医院改名为白求恩国际和平医院。在白求恩精神的激励下，全校师生化悲痛为力量，同仇敌忾，在中华民族的伟大抗日战争中做出了重要贡献。

“艰难困苦，玉汝于成。”在这段极其艰苦的岁月里，学校师生牢记党的光荣传统，坚守抗战必胜的信念，发扬勇往直前不怕牺牲的革命精神，转战在太行山上，教学在唐河易水之滨，反“扫荡”中杀卷利刃，与根据地军民鱼水情深，在抗日烽火中谱写了“一面教学，一面战斗”的战时教育的历史篇章!

Цзилиньский университет

Медицинский университет им. Бетьюна, который объединился с Цзилиньским университетом в июне 2000 года, был Медицинским училищем Шаньси-Чахар-Хэбэйского военного округа, учишище было создано в 1939 году в антияпонской базе Северного Китая (территория нижнего течения р. Хуанхэ, пров. Хэбэй, Шаньси, Шаньдун и Хэнань), в его создании и в преподавательской работе принял участие лично известный боец-интернационалист – канадский специалист по отделению грудной хирургии Норман Бетьюн. После его смерти Медицинское училище было переименовано в университет им. Бетьюна в честь этого великого зарубежного друга, а Больница при университете была переименована в Международную больницу Мира им. Бетьюна. Преподаватели и студенты университета были вдохновлены духом Бетьюна и полны ненависти к врагам, превратили страдание в силу, внесли важный вклад в великую антияпонскую войну китайского народа.

Трудности и страдания закаляют человека. В течение этих чрезвычайно трудных годов преподаватели и студенты всего университета, накрепко запомнив славные традиции партии, придерживаясь твёрдых убеждений в обязательной победе против агрессоров, развивая революционный дух «смело идти вперёд, не боясь жертвы», воевали в разных военных действиях в горах Тайханшань, вели учебную работу на берегах рек Танхэ и Ишуй, в борьбе за уничтожение японцев острым ножом истребили вражеские войска, одновременно живя дружно с армией и народом революционной базы, и тем самым как пример ведения военного образования, которое сочетало в себе одновременно и воспитание, и борьбу, оставил важную страницу в истории войны против японских захватчиков.

筹建晋察冀军区卫生学校的军区医务训练队人员合影，摄于 1938 年。

Групповой снимок членов-медиков, основавших медицинское училище в Шаньси-Чахар-Хэбэйском военном округе (снято в 1938 г.)

晋察冀军区卫生学校牛眼沟旧址

Старый адрес «Овраг Нюянь» медицинского училища в Шаньси-Чахар-Хэбэйском военном округе

晋察冀军区卫生学校骨干教员

Преподавательский состав медицинского училища в Шаньси-Чахар-Хэбэйском военном округе

晋察冀军区聂荣臻司令员（中）对学校工作非常支持（图为他与白求恩接受记者采访）。

Командующий Шанси-Чахар-Хэбхэйским военным округом Не Жунчжэнь оказал медицинскому училищу большую поддержку в работе (На снимке он с Бетьюном давали корреспонденту интервью).

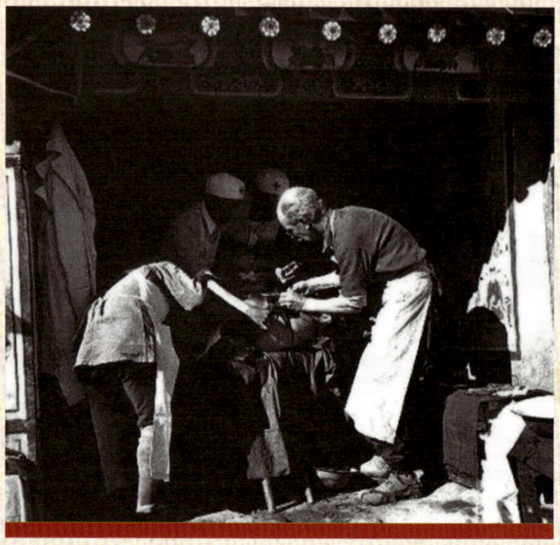

白求恩大夫为伤员做手术

Доктор Бетьюн проводит раненному операцию

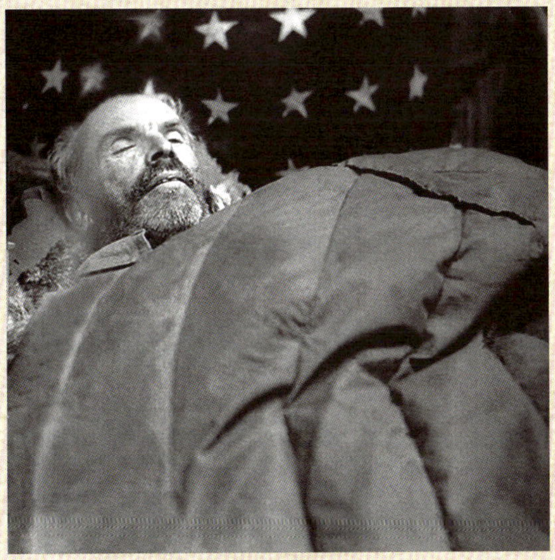

1 2
3 4

1939 年 11 月 12 日，白求恩牺牲于河北唐县黄石口村。

12 ноября 1939 г. Бетьюн погиб в деревне Хуаншикоу уезда Тан провинции Хэбэй.

白求恩逝世后，军区为他举行了追悼大会。

Поле смерти Бетьюна военный округ провёл траурный митинг в его честь.

为纪念白求恩，晋察冀军区卫生学校改名白求恩学校（图为 1940 年学校更名大会）。

В память о Бетьюне медицинское училище в Шаньси-Чахар-Хэбэйском военном округе было переименовано в университет им.Бетьюна (На снимке – собрание переименования училища в 1940 г.)

白求恩学校在河北唐县葛公村时的校门

Ворота училища им.Бетьюна в деревне Гэгун уезда Тан провинции Хэбэй

1939年12月，朱德总司令（右三）会见印度援华医疗队成员柯棣华（右二），柯棣华后任白求恩国际和平医院院长。

В декабре 1939 г. Генеральный командующий Чжудэ (третий справа) встретился с членом медицинского отряда Индии, Кэ Дихуа (второй справа), который позже стал директором международной больницы Мира им. Бетьюна.

白求恩学校首任校长江一真（右一）与印度援华医生柯棣华（右三）、奥地利医生傅莱（右二）合影，摄于1942年。

Групповой снимок первого директора училища им. Бетьюна Цзян Ичжэнь (первый справа), Индийского доктора Кэ Дихуа (третий справа) и австрийского доктора Фулай (второй справа) (снято в 1942 г.).

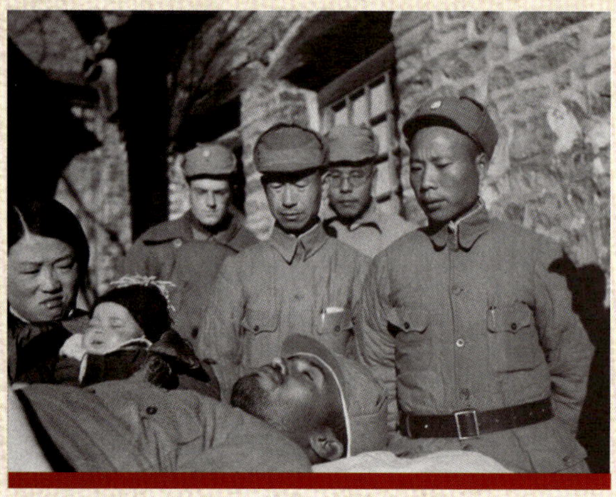

1942年12月9日，柯棣华病逝于河北唐县葛公村。守护在柯棣华身边的有：夫人郭庆兰、儿子印华、傅莱、殷希彭、陈淇园、江一真（左起）

9 декабря 1942 г. Кэ Дихуа скончался в деревне Гэгун уезда Тан провинции Хэбэй. Рядом с ним была его жена Го Цинлань, сын Иньхуа, Фулай, Инь Сипэн, Чэнь Циюань и Цзян Ичжэнь(по порядку слева).

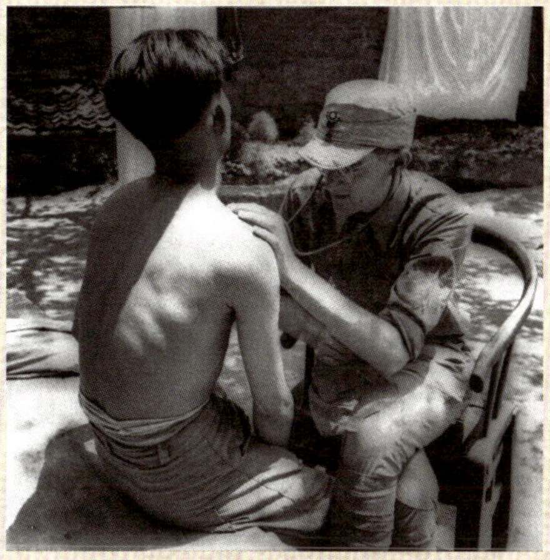

1 2
3 4

↑

奥地利医生傅莱给八路军战士看病（摄于 1942 年）

Австрийский доктор Фулай принимает больного солдата Красной армии (снято в 1942 г.)

白求恩学校少有的在室内上课时的情景

Редкая картина проведения занятия в аудитории в Медицинском училище им.Бетьюна

白求恩学校在室外上解剖课

Проведение занятия по анатомии в Медицинском училище им.Бетьюна на воздухе

白求恩学校多数时间都是在反“扫荡”间隙上课

Большинство занятий училища им.Бетьюна были проведены в промежутках борьбы против карателей

1 2
3 4

白求恩学校校长殷希彭医学博士（右一）指导学生做研究工作，摄于 1943 年冬。

Под руководством директора училища им.Бетьюна Инь Сипэна (первый справа) студенты ведут научно-исследовательскую работу (снято зимой 1943 г.)

留日内科专家陈淇园检验病菌，摄于 1944 年。

Специалист по терапии - Чэнь Циюань, обучавшийся в Японии, ведёт проверку болезнетворных микробов (снято в 1944 г.).

微生物学教授刘璞（左三）创办细菌学科。

Микробиолог Лю Пу (третий слева) создал специальность по бактериологии.

白求恩国际和平医院院长陈淇园（左一）和养伤的美军飞行员，摄于 1944 年。

Директор Международной больницы Мира им. Бетьюна Чэнь Циюань (первый слева) и раненный – американский лётчик (снято в 1944).

晋察冀边区慰问团带慰劳品赴白求恩国际和平医院慰问伤病员，摄于1944年。

Миссия соболезнования от Шаньси-Чахар-Хэбэйского военного округа едет в Международную больницу Мира им. Бетьюна с подарками и навещает там раненных (снято в 1944 г.).

白求恩学校师生与根据地军民鱼水情深，图为师生参加生产劳动。

Преподаватели и студенты училища им.Бетьюна установили тесные, близкие и тёплые отношения с народом и армией военной базы. На снимке: преподаватели и студенды трудятся.

白求恩学校师生发扬革命乐观主义精神，文化生活丰富多彩（图为学校篮球队成员）。

Преподаватели и студенты училища им.Бетьюна развивали дух революционного оптимизма. У них была богатая культурпая жизнь (На снимке: члены баскетбольной команды училища им.Бетьюна).

为纪念抗战中英勇牺牲的白求恩学校师生，河北顺平修建了白求恩学校学子遇难遗址群雕。

В память о преподавателях и студентах училища им.Бетьюна, погибших в антияпонской войне, была возведена групповая скульптура в уезде Шуньпин провинции Хэбэй, где они погибли.

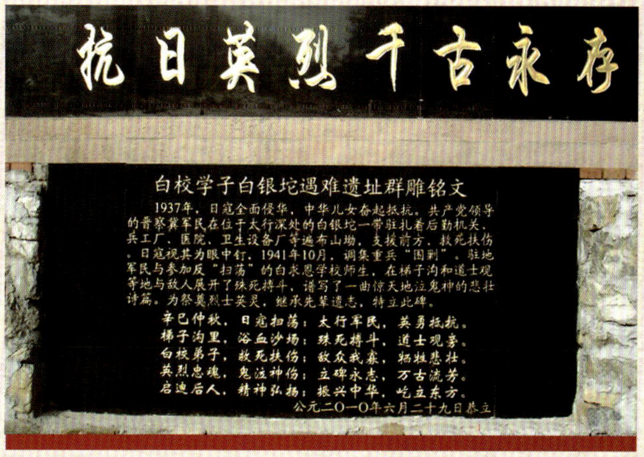

晋察冀军区白求恩学校学子白银坨遇难遗址群雕铭文

Надпись на групповой скульптуре, построенной в честь погибших в Бэйиньто студентов училища им.Бетьюна в Шаньси-Чахар-Хэбэйском военном округе

Tianjin University

天津大学

天津大学是教育部直属国家重点大学，其前身为北洋大学，始建于 1895 年 10 月 2 日，是中国第一所现代大学。是“211 工程”和“985 工程”首批重点建设的大学。

天津大学诞生于中华民族危难之秋。创立之初，就承载着救国图强的历史重任。而北洋学子也从那时起就一直为此而奋斗。1931 年 9 月 18 日，日本帝国主义悍然发动了对我国东北的侵略战争。消息一出，举国哗然。在随后轰轰烈烈的民族救亡运动中，北洋进步学生积极贡献自己的力量。他们中的一些人为了国家和民族的解放献出了自己宝贵的生命。

Тяньцзиньский университет

Тяньцзиньский университет является одним из ведущих государственных университетов, непосредственно подчиненным Министерству образования. Его предшественник – Университет северного моря, был основан 2 Октября 1895 г.,представляя собой первый в Китае современный университет. Он первым вошел в список университетов национального проекта «211», и является одним из университетов проекта «985».

Университет был создан в критический момент для китайской нации. В самом начале своей истории университет играл очень серьезную роль в спасении Родины, и за это борется до настоящего момента. 18 сентября 1931 года, империалистическая Япония напала на северо-восточный район Китая. Студенты университета храбро сражались на фронтах, проявляя отвагу и героизм, и тем самым внесли неоценимый вклад в дело Победы китайского народа. Некоторые из них отдали свою жизнь за освобождение Родины и народа.

1931 年 9 月学生们南下请愿，逼蒋介石抗日。图为蒋介石接见平津请愿学生。

Студенты поехали на юг, чтобы уговорить Чан Кай-ши воевать с японцами. Чан Кай-ши встречается со студентами из Пекина и Тяньцзиня. Сентябрь, 1931.

1935 年 12 月 9 日北平爆发"一二·九"抗日救亡运动。18 日，天津学生举行"一二·一八"大游行。图为北洋学生参加大游行。

Манифест по поддержке «9 декабря Анти-японского национального движения» в 1935 году. Фото: парад студентов Университета северного моря.

1936 年 1 月，根据中共中央北方局和河北省委指示，平津学联成立南下扩大宣讲团，下设四个分团，天津学生以北洋学生为主组成第四分团，深入河北农村开展抗日宣传。图为平津学生南下扩大宣讲团行进中。

В январе 1936г., по указанию северного ЦК КПК и парткома провинции Хэбэй в Пекине и Тяньцзине была организована миссия пропаганды, делилась на 4 кружка, в четвёртом были студенты из Тяньцзиня, в основном были студенты университета северного моря, они будут в деревне Хэбэя пропагандировать идею Анти-японского движения. На снимке: студенты из Пекина и Тяньцзиня в походе пропаганды.

南下扩大宣讲团第四分团在目的地河北固安县进行抗日救亡宣传。

Четвёртый кружок миссии по пропаганде Анти-японского движения в уезде Гу ань, провинции Хэбэй.

南下扩大宣讲团第四分部在农村召开村民大会，进行抗日救国宣传。

Четвёртый кружок миссии по пропаганде Анти-японского движения проводит собрание крестьян в деревне.

1 2
3

在王兰庄办平民学校时，北洋学生与农民子弟合影。

Создавая школы для местных жителей села Ванлань чжуан, студенты университета северного моря фотографируются с крестьянами .

1936 年 1 月 21 日，南下扩大宣传活动结束。北洋学生张多疆提出建立“民族解放先锋队”的建议，得到全体同学的赞同。2 月 1 日，平津学生宣讲团代表在北平师范大学召开会议，成立民族解放先锋队（后改为中华民族解放先锋队）。

21 января 1936г., окончается пропаганда. Студент университета северного моря Чжан Доцзян предложил инициативу: создавать авангард национального освобождения, и все согласились. 1 февраля по этому поводу было проведено собрание в Пекинском педагогическом институте, образован авангард национального освобождения (далее переименован в авангард китайского национального освобождения).

1936 年 5 月 28 日，天津学生举行反对日本增兵华北的抗日救亡大示威。图为北洋学生参加示威游行的场面。

Демонстрация студентов против увеличения японских войск на севере Китая. Май 28, 1936г.

赵天麟，爱国教育家，天津人。1904 年考入北洋大学堂法科。1906 年赴美留学。曾任北洋大学校长、天津耀华学校校长。“七七事变”后，天津沦陷，坚决抵制日本奴化教育，支持学生抗日活动。1938 年 6 月被日本宪兵杀害。

Чжао тяньлинь, патриотический педагог, тяньцзинец. В 1904 г. поступил на юридический факультет Университета северного моря. В 1906 г. ему представился шанс выехать на учебу в США. Был ректором Университета северного моря, директором школы Яохуа в Тяньцзине. После «Событий Седьмого Июля», когда был захвачен Тяньцзинь, он решительно противостоял введению японской системы образования и выступал за антияпонское движение студентов. В июне 1938 года был убит японским жандармами.

黄诚，河北人。1932 年考入北洋工学院预科。1938 年春参加新四军。“皖南事变”中不幸被俘，1942 年 4 月 23 日从容就义，年仅 28 岁。

Хуан Чэн, родился в провинции Хэбэй. В 1932 г. был принят на подготовительные курсы Университета северного моря. Весной 1938 года ушёл в Новую 4-ую армию. Во время «Инцидента Ваньнань» был арестован, и 23 апреля 1942 г. был убит, в возрасте 28 лет.

马耀南，山东人。1930 年毕业于北洋工学院机械工程科，获学士学位。1938 年加入中国共产党，1939 年 7 月在战斗中英勇牺牲。

Ма яонань, родился в провиции Шаньдун. В 1930 году окончил механический факультет Университета северного моря, получил степень бакалавра. В 1938 году вступил в Коммунистическую партию Китая. В июле 1939 года героически погиб в бою.

张祖舜，1936 年考入北洋工学院预科。1937 年“七七事变”后参加革命，后在战斗中牺牲。这张照片是烈士 1937 年离开北洋工学院前夕在学校的留影。

Чжан Зушунь, в 1936 г. поступил на подготовительные курсы Университета северного моря. В 1937 г. После «Событий Седьмого Июля» вступил в революционные ряды, героически погиб в бою. Фото снято накануне ухода из университета, 1937 г.

孙景芳，河北人。1932 年考入北洋工学院预科，1937 年“七七事变”后，投笔从戎，参加八路军，1940 年加入中国共产党，1947 年光荣牺牲。

Сун Зин Фан, родился в провинции Хэбэй. В 1932 г. поступил на подготовительные курсы Университета северного моря. В 1937 г. после «Событий Седьмого Июля» ушёл в Восьмую армию. В 1940 г. вступил в Коммунистическую партию Китая. Погиб в 1947 г.

70 ЛЕТ
ВЕЛИКОЙ ПОБЕДЫ

Tongji University

同济大学

1937年8月，日军进犯上海。在“八·一三”事变中，日军用多枚重磅炸弹，将位于宝山吴淞的同济大学校园炸成一片废墟。所有建筑荡然无存，损失巨大。为了能够坚持办学，学校先后搬至上海市区、浙江金华、江西赣州和吉安、广西八步、云南昆明，于1941年春天到达四川李庄。1946年回到上海。在一万多公里的“长征”中，同济大学沿途招生，沿途就业，坚持科教救国、文化抗战，不仅顽强地生存了下来，而且还有所发展，培养了一大批战时后方急需的各类人才，谱写了“辗转迁徙、风雨同舟”文化抗战的壮美诗篇。

2007年建校百年之际，同济大学已发展成为一所特色鲜明、具有国际影响力的综合性、研究型、国际化大学。2013年，学校提出“建设以可持续发展为导向的世界一流大学”的目标愿景。

如今，同济大学是国家“985工程”和“211工程”重点建设的教育部直属高校。在百余年办学历程中，同济大学始终注重人才培养、科学研究、社会服务、文化传承创新四大功能均衡发展，综合实力位居国内高校前列。

Университет Тунцзи

В августе 1937 года, японская армия вторгнулась в город Шанхай. В «событии 13 Августа», японская армия наносила тяжелые авиаудары по университету Тунцзи, который в то время находился в У Сун в районе Баошан. Все здания были разрушены. Для того, чтобы учебный процесс продолжался, университет переселялся в такие места, как центр Шанхая, город Цзиньхуа провинции Чжэцзян, город Ганьчжоу и Цзиань провинции Цзянси, город Бабуй провинции Гуанси и город Куньминь провинции Юньнан, весной 1941 года переселился в деревню Личжуан провинции Сычуань. В 1946 году вернулся в Шанхай. В ходе «великого похода» в 10 тысяч километров, университет Тунцзи на своем пути принимал учащихся и устраивал студентов на работу, придерживаясь во время войны принципа спасения Родины наукой, образованием и культурой, он не только «выжил», но и получил развитие, подготовил большое количество кадров, которые были нужны в разных областях в тылу, тем самым оставил прекрасную страницу в истории антияпонской войны.

В 2007 году в столетнюю годовщину со дня образования, университет Тунцзи перерос в междисциплинарный, научно-исследовательский и открытый университет, который имеет свою специфику и пользуется международным авторитетом. В 2013 году университет поставил целью « построить первоклассный в мире университет, направленный на продолжительное развитие.»

Сегодня университет Тунцзи представляет собой один из ведущих университетов, который был включен в Государственный «проект 211» и «проект 985», и в прямом подчинении министерству образования Китая. В период своего существования, университет уделяет большое внимание подготовке специалистов, научным исследованиям, общественной работе, культурной преемственности и технологической инновации, по своей мощи университет вышел в первые ряды китайских вузов.

吴淞校园内被日军炸毁的大礼堂，摄于 1937 年。
Взорванный японской армией актовый зал в кампусе У Сун. 1937 г.

吴淞校园内被日军炸毁的实习工厂，摄于 1937 年。
Взорванная японской армией учебная мастерская в кампусе У Сун. 1937 г.

吴淞校园内被日军炸毁的生理馆，摄于 1937 年。
Взорванный японской армией физиологический павильон в кампусе У Сун. 1937 г.

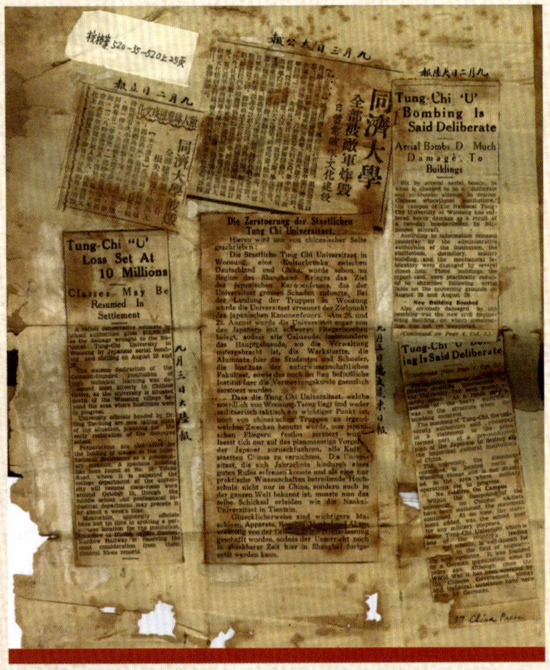
九月二日立報
同濟大學
九月三日大公報
同濟大學
全部被敵軍炸毀
九月二日大陸報
Tung-Chi 'U' Bombing Is Said Deliberate
Aerial Bombs D Much Damage To Buildings
Tung-Chi "U" Loss Set At 10 Millions
Classes May Be Resumed In Settlement
Die Zerstoerung der Staatlichen Tung Chi Universitaet.
九月三日大陸報
九月五日德文遠東日報
Tung-Chi 'U' Bombing Is Said Deliberate

国际媒体对日军轰炸同济大学的报道，摄于 1937 年。
Бомбардировки университету Тунцзи японскими войсками в международных прессах. 1937 г.

金华时期的校门，摄于 1937 年。
Ворота университета в городе Цзиньхуа. 1937 г.

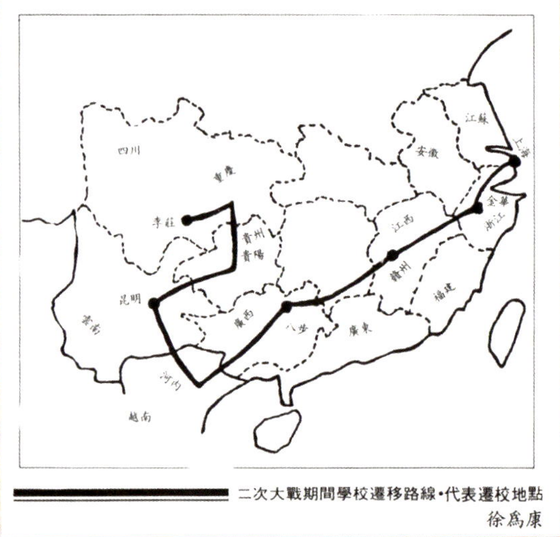

同济大学搬迁线路图
Маршрут переселения университета Тунцзи

吉安开学典礼，摄于 1938 年。
Церемония открытия нового учебного года в городе Цзиань. 1938 г.

1 2
3 4

在广西贺县八步镇的校舍，摄于1938 年。

Учебные корпуса и общежитие в посёлке Бабуй провинции Гуанси. 1938 г.

昆明时期的宿舍，摄于 1939 年。

Общежитие в Кунмине. 1939 г.

禹王宫——李庄时期同济大学总办公处，摄于 1941 年。

Дворец Юйвань – контора университета Тунцзи в деревне Личжуан. 1941 г.

祖师殿——李庄时期同济大学医学院，摄于 1941 年。

Дворец Цзуши – медицинский институт университета Тунцзи в деревне Личжуан. 1941 г.

东岳庙——李庄时期同济大学工学院和法学院，摄于1941年。

Храм Дунюе – политехнический институт и юридический институт Тунцзи в деревне Личжуан. 1941 г.

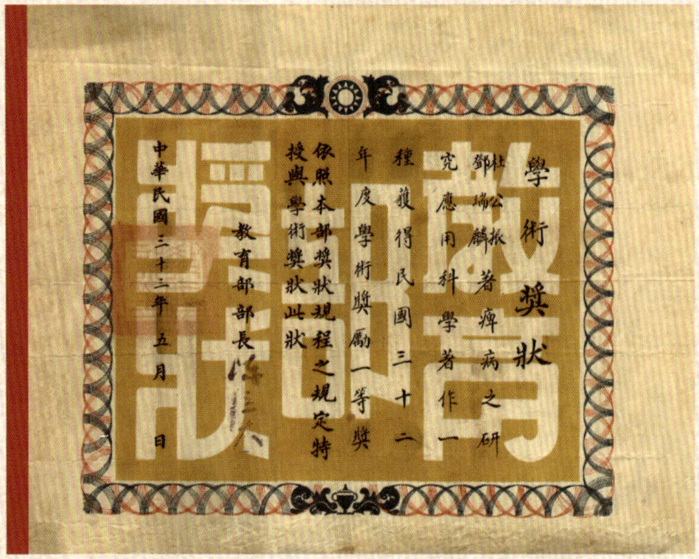

李庄时期同济大学教师获得的教育部颁发的学术奖状，摄于1943年。

Почетная грамота преподавателей университета Тунцзи, выданная Министерством Образования. 1943 г.

丁文渊校长与三十五周年校庆足球冠军队合影，摄于1942年。

Групповой снимок ректора университета Дзин Вэньюань с командой- чемпионом по футболу в год тридцатипятилетнего юбилея университета. 1942 г.

学生在禹王宫听报告，摄于 1944 年。
Студенты слушают доклад в Дворце Юйвань. 1944 г.

学生在李庄演出话剧《原野》，摄于 1946 年。
Студенты показывают драму«поле»в деревне Личжуан. 1946 г.

Xi'an Jiaotong University

西安交通大学

西安交通大学 1896 年以南洋公学之名创建于上海，初以造就政法、外交、实业人才为务。进入 20 世纪，则以高水平的现代工程教育以及工文并重作为鲜明特色，其机电、机械、土木、管理诸科，有国内首倡之功，素称一流。1921 年始名交通大学，有“东方 MIT”之称，鼎立神州，享誉更隆。1931 年“九一八”事件爆发后，全国人民无不激愤，西安交通大学师生与全国人民一起掀起了反侵略的怒潮。从学生请愿活动到抗日游行，从抗日救国运动到战时各类支援。抗战期间，学校主体被迫从上海迁移至重庆地区。

在世界反法西斯的历史洪流中，西安交通大学备受影响，同时也坚持用自己的力量发声支援，最终西安交通大学与世界人民一起迎来了反法西斯战争的胜利。1955 年国务院决定学校西迁，大部分科系及师生两年间陆续迁至西安，1959 年定名西安交通大学，为当时全国 16 所重点大学之一。“七五”“八五”列为国家重点建设项目，其后首批进入“211”和“985”工程建设，由国家确定建为世界知名高水平大学，与原属人民银行陕西财经学院实现合并，由此翻开学校历史新的一页。

Сианьский университет Цзяотун

Предшественник Сианьского университета путей сообщения – Наньянская публичная школа, созданная в 1896 г. в Шанхае, школа готовила в основном юридических, дипломатических специалистов, а также и предпринимателей. Войдя в 20-й век, новый СУПС стал первоклассным университетом, который отличается высококачественным инженерным образованием и оочетанием технических наук с гуманитарными науками, по своей инициативе открыл такие специальности, как электромотор, машиностроение, гражданское строительство и управление. В 1921 г. школа была переименована в университет Цзяотун, славился в Китае как «восточный MIT». После «Событий 18 Сентября» 1931 года преподаватели и студенты, вместе с возмущённым народом страны, начали сопротивление агрессорам. Они проводили разные мероприятия, такие как петиция, парад, движения против Японии и спасения Родины, тем самым давали большую поддержку Родине. Во время войны основная часть университета была эвакуирована из Шанхая в Чунцин.

В исторические моменты антифашистской войны, хотя университет сам подвергался влиянию, но всё-таки своей силой оказал большую поддержку и встретил победу над фашизмом вместе с народами мира. В 1955 г. по решению Госсовета университет переселился на запад,, большинство специальностей, а также и преподавателей и студентов за два года перевели в город Сиань, в 1959 г. университет был переименован в Сианьский Университет Цзяотун, был одним из 16 ведущих университетов в Китае. Во время 7-ой и 8-ой пятилеток был включён в ряды важнейших китайских вузов, и стал одним из первых университетов, которые были включены в национальные проекты «проект 211» и «проект 985». Он учреждён государством как первоклассный вуз с мировой известностью. После объединения с Шаньсиским финансовым институтом в истории университета открылась новая страница.

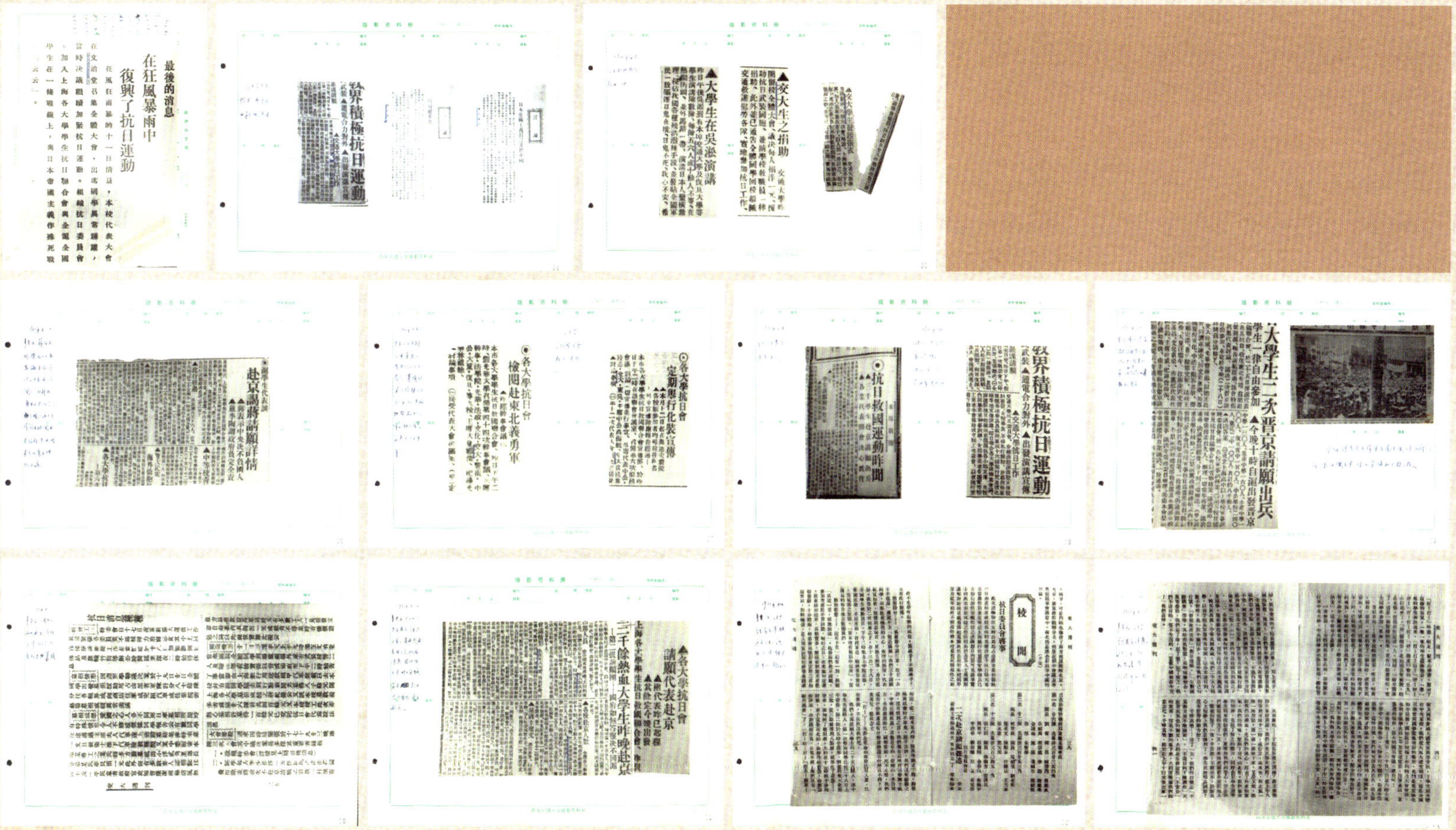
最後的消息

在狂風暴雨中

復興了抗日運動

學界積極抗日運動

大學生在吳淞演講

交大生之捐助

赴京請願詳情

檢閱赴東北義勇軍

抗日救國運動

大學生二次晉京請願出兵

三千餘熱血大學生

1931 年抗日战争爆发前期学生活动记录

Записи студентов в 1931 г. в первый период антияпонской войны

2014 年 4 月，西安交大医学院建造抗战胜利纪念碑，以缅怀在抗战过程中有过奉献和牺牲的我校医学院工作人员。

В апреле 2014 г., был построен памятник в Медицинском институте Сианьского университета Цзяотун. Он посвящен сотрудникам института, которые погибли за Родину в годы войны.

1931 年抗日战争爆发前期学生请愿

Петиция студентов в 1931 г. в первый период антияпонской войны

抗日战争时期学校由上海迁校至重庆临时政府所在地——重庆九龙坡。
Во время антияпонской войны университет переселился из Шанхая в Циюлунбо, где находился Чунцинское временное правительство.

20 世纪 30 年代抗战时期学生军训合影
Групповой снимок студентов в военной подготовке во время антияпонской войны в 30-е годы 20-ого века

Northwestern Polytechnical University

西北工业大学

西北工业大学坐落于古都西安，是我国唯一一所以同时发展航空、航天、航海工程教育和科学研究为特色，以理工为主，管、文、经、法协调发展的研究型、多科性和开放式的科学技术大学，隶属工业和信息化部。

西北工业大学是国家“211 工程”和“985 工程”重点建设高校，设有 16 个专业学院，建有 7 个国家重点实验室，33 个省部级重点实验室和 21 个省部级工程技术研究中心。学校共有普通高等教育全日制学生 26 783 人，现有教职工 3 500 余人，中国科学院、中国工程院院士 21 人，“长江学者”成就奖、特聘教授、讲座教授 23 人，国家教学名师奖获得者 4 人。

“十一五”以来学校承担各类科研项目上万项。学校参与了“神舟系列”飞船研制任务，是为中国首次载人航天飞行做出贡献单位的两所高校之一。学校培养了中国 6 个学科的第一位博士，有 34 名博士和教师获得德国洪堡基金。校友中有 42 位中国科学院、中国工程院院士，46 位将军和 6 名中国十大杰出青年。

Северо-западный политехнический университет

Северо-западный политехнический университет (СЗПУ) расположен в бывшей столице Китая – древнем городе Сиане. СЗПУ является единственным в Китае университетом, где одновременно занимаются как подготовкой кадров, так и научными исследованиями в таких областях, как авиация, космонавтика и судостроение. В университете, который ориентирован на техническое направление, гармонично сочетаются управленческие, гуманитарные, экономические и правовые направления, это научно-исследовательский, междисциплинарный научно-технический университет открытого типа. Университет в подчинении Министерству промышленности и информатики КНР.

СЗПУ является одним из ведущих университетов, которые включены в государственные проекты «Проект 211» и «Проект 985». Университет имеет 16 институтов. В состав университета также входят 7 основных лабораторий, поддерживаемых на уровне государства, 33 основных лаборатории на уровне провинции и министерства, 21 инженерно-исследовательский центр провинциального уровня. В университете 26,783 студентов по дневной системе обучения. В настоящее время в вузе трудятся 3500 преподавателей и сотрудников, в том числе 21 академик Академии наук Китая и Инженерной академии Китая, 23 человека, которые за достижения получили звание «учёный Янцзы», «заслуженный профессор», а также и 4 лауреата премии известных педагогов страны.

С начала проведения одиннадцатой пятилетки (2006-2010гг) университет разработал тысячи научно-исследовательских проектов. Университет принял активное участие в исследовании и разработке серийных космических кораблей «Шэньчжоу», является одним из двух вузов, «внесших огромный вклад в первый пилотируемый космический полет Китая». Данный университет окончили первые китайские доктора по 6 специальностям, 34 доктора и преподавателя получили премию от «Гумбольдский фонд Германии». Среди выпускников 42 академика Научной Академии Китая и Инженерной Академии Китая, 46 генералов и 6 человек, относящихся к числу «десяток выдающихся молодых людей Китая».

1 2

1938 年初，国立西北联大工学院师生翻越秦岭赴城固古路坝。

В начале 1938 года, преподаватели и студенты политехнического института Государственного северо-западного соединенного университета переходят через Гору Циньлин в село Гулупа, уезд Циэнгу.

↑

国立西北工学院古路坝校门

Вход политехнического института Государственного северо-западного соединенного университета в Гулупа

国立西北工学院古路坝教学区
Учебный район Государственного северо-западного соединенного университета политехнического института в Гулупа

国立西北工学院城固古路坝校址
Адрес политехнического института Государственного северо-западного соединенного университета в Гулупа

1937 年冬，西安临时大学师生参加西安各界人士抗日动员大会。
Преподаватели и студенты участвовали в антияпонском мобилизационном митинге в Сиане, зимой, 1937 г.

国立西北工学院古路坝旧址，摄于 1938 年。

Старый политехнический институт Государственного северо-западного соединенного университета в Гулупа, 1938г.

国立西北工学院图书馆（上面）和学生宿舍（下面）

Библиотека (наверху) и студенческое общежитие (внизу) политехнического института Государственного северо-западного соединенного университета

Zhejiang University

浙江大学

浙江大学坐落于素有"人间天堂"美誉的历史文化名城杭州。前身是1897年创建的求是书院，是中国人自己最早创办的现代高等学府之一。浙江大学直属于中华人民共和国教育部，是首批进入"211工程"和"985工程"重点建设的全国重点大学之一，是C9联盟、世界大学联盟、环太平洋大学联盟的成员。

1937年"七七事变"后，抗日战争全面爆发。我国高等学校为救亡图存，保存民族元气，开始了艰苦卓绝的西迁历程，谱写了一部可歌可泣的高校西迁史。在这场历时数年、涉及我国绝大部分高校的西迁运动中，浙江大学面对恶劣的环境，在竺可桢校长的卓越领导和西迁途中各地民众的大力支持下，艰苦奋斗、求是创新，成为在艰难困苦中崛起的"东方剑桥"，为中国抗日战争的胜利作出了特殊贡献。

浙江大学西迁高举爱国主义旗帜，唤起民众的觉醒，坚定了民众战胜侵略者的信心，有力地支持了抗战的不断进步和最后的胜利；它保存了中国高等教育的根基，为中国高等教育乃至中华民族的伟大复兴奠定了基础；它在西迁过程中形成了良好的学风、教风，实现了高等教育的转型；它在西迁沿途开民智、促生产，推动了我国西部地区经济和文化的发展；同时也是中国人民抗日战争史中不可缺少的一页。

Чжэцзянский университет

Чжэцзянский университет расположен в знаменитом историческо-культурном городе Ханчжоу, который известен как Рай на земле. В первоначальном виде университет представлял собой созданную в 1897 г академию «Цю Ши», которая является одним из первых современных вузов, образованных самими китайцами. Чжэцзянский университет находится в прямом подчинении Министерству образования КНР, является одним из первых университетов, которые входят в списки ведущих университетов национальных проектов «985» и «211». Университет также является членом Лиги университетов С9, союза университетов мира (WUN), ассоциации университетов по тихоокеанскому региону (APRU).

После инцидента, носящего название «7 июля» – нападения японских войск на Мост Марко Поло ночью 7 июля 1937 года – в Китае развернулась полномасштабная антияпонская война. Для того, чтобы спасти свою Родину, сохранить культурное наследие и дух нации, китайские вузы начали тяжёлый путь эвакуации на запад страны, став примером, достойным увековечения и воспевания. Среди них и Чжэцзянский университет. На протяжении нескольких лет, несмотря на трудные условия, под выдающимся руководством ректора – проф. Чжу Кэчжэня и при всемерной поддержке со стороны местного населения, Чжэцзянскому университету удалось преодолеть все трудности и препятствия во время эвакуации. Продолжая свою традицию «поиска истины и внедрения инноваций», Чжэцзянский университет сделал большие научные успехи и обрел высокий академический статус. В качестве одного из лучших университетов Китая, Чжэцзянский университет завоевал в эти годы звание «Восточный Кэмбридж», что со своей стороны внёс особый вклад в победу Китая в антияпонской войне.

В период эвакуации, высоко подняв знамя патриотизма, Чжэцзянский университет приложил все усилия к пробуждению сознания народа и укреплению веры в победу над агрессорами, что положительно повлияло на ход антияпонской войны вплоть до окончательной победы. Эвакуация на запад имела огромное значение для Чжэцзянского университета. Во-первых, сохраняя научные ресурсы и продолжая учебную и научную работу, он заложил основу для великого возрождения высшего образования в стране, а также и возрождения китайского народа. Во-вторых, в ходе эвакуации в университете создавалась прекрасная атмосфера для учёбы и преподавания, что внесло большой вклад в дальнейшее коренное преобразование высшего образования в Китае. В-третьих, своей трудовой и просветительской деятельностью университет значительно способствовал экономическому и культурному развитию западных районов страны. Словом, эвакуация Чжэцзянского университета составляет одну из необходимых страниц в истории антияпонской войны китайского народа.

《四库全书》是中华民族的文化瑰宝。抗日战争期间，国立浙江大学参与保护《四库全书》免受日本劫掠，藏之于贵阳地母洞书库。

«Четыре элемента китайской культуры» («Сыку Цюаньшу») является культурным шедевром китайской нации. Во время антияпонской войны, студенты и преподаватели Чжэцзянского университета приняли активное участие в сохранении этого сокровища от грабежа японских войск, спрятав его в пещере Диму за городом Гуйян.

天目山禅源寺，浙江大学西迁办学的第一站，图为竺可桢校长实地考察天目山禅源寺情况。

Монастырь Чаньюань на горах Тяньму. Первая остановка во время эвакуации университета на запад. На фотографии ректор Чжу Кэчжэнь осматривает монастырь.

泰和县上田村遐观楼、趣园（时为浙大图书馆和部分教室）
Корпус Сягуань и Сад Чуюань в селе Шантянь уезда Тайхэ (тогдашняя библиотека и часть аудиторий университета)

宜山标营鸟瞰
Вид с воздуха на Бяоъин в городе Ишань

20 世纪 40 年代，国立浙江大学在湄潭的校门。

Главный вход университета в городе Мэйтань, 40-е гг. XX века.

20 世纪 40 年代，遵义杨柳街女生宿舍。

Женское общежитие на улице Янлю в городе Цзуньи, 40-е гг. XX века.

20 世纪 40 年代，湄潭文庙大成殿（时为浙江大学图书馆）。

Зал Дачэн в монастыре Вэньмяо в городе Мэйтань, 40-е гг. XX века (тогдашняя библиотека Чжэцзянского университета).

1939 年 7 月，浙江大学在浙江龙泉县成立浙东分校，后改名龙泉分校。
В июле 1939 г. был открыт филиал Чжэцзянского университета на востоке провинции Чжэцзян в уезде Лунчуань, который позже был переименован в Лунчуаньский филиал Чжэцзянского университета.

1946 年 5 月，浙江大学西迁黔北办学，七年后复员东归。
В мае 1946, после того, как 7 лет действовал на севере провинции Гуйчжоу, Чжэцзянский университет с эвакуации вернулся в город Ханчжоу.

1
2 3

江西泰和县上田村大原书院，当时为浙江大学的校本部。
Двор Даъюаньшуъюань в селе Шантянь уезда Тайхэ провинции Цзянси, где работал университет.

浙大宜山标营校舍炸后情况
Общежитие университета в городе Ишань, пережившее бомбардировку

浙江大学校长竺可桢
Проф. Чжу Кэчжэнь, тогдашний ректор Чжэцзянского университета

反法西斯战争中的中俄工科大学联盟

俄方院校

Университеты АТУРК с российской стороны во время антифашистской войны

Bauman Moscow State Technical University

莫斯科鲍曼国立技术大学

Московский государственный технический университет имени Н.Э. Баумана

纪念英雄

伟大的卫国战争改变了俄罗斯的生活，是我们历史中最苦难的一段时期。

战争初期，莫斯科鲍曼国立技术大学的大量师生投身到卫国战争前线。鲍曼人加入了第三共产主义师和莫斯科鲍曼区第七民兵师。其中大部分人没有能够从战场上回来。莫斯科鲍曼国立技术大学的学生和教职工们深深地记住了那些在伟大的卫国战争中为保卫祖国而牺牲的人们。

В память о героях

Великая Отечественная война изменила всю жизнь России, явилась тяжелейшим периодом истории России. В первые же дни войны многие студенты и преподаватели МГТУ Н.Э. Баумана ушли добровольцами на фронт. Бауманцы воевали в рядах 3-й Коммунистической дивизии и 7-й Дивизии народного ополчения Бауманского района г.Москвы. Многие из них не вернулись с полей сражений.Студенты и сотрудники МГТУ им.Н.Э. Баумана хранят память об участниках Великой отечественной войны, погибших в боях за Родину.

1941 年 7 月 16 日，苏联国家国防委员会决定建设莫扎伊斯基防线，这条防线可以掩护莫斯科要冲中最重要的方向。

16 июля 1941 года Государственный комитет обороны СССР принял решение о строительстве Можайской линии обороны, которая должна была прикрывать важнейшие направления на ближних подступах к Москве.

1941 年的夏天和秋天在莫扎伊斯基防御线建设反坦克碉堡。
Строительство противотанковых укреплений на Можайском рубеже обороны летом и осенью 1941 года.

在莫扎伊斯基防御阵地上莫斯科市鲍曼区第七民兵师（即莫斯科鲍曼高等技术学校师生）曾在这面旗帜下战斗过。

Под этим знаменем сражались на Можайском рубеже обороны под Москвой бойцы 7-й Дивизии народного ополчения Бауманского района г.Москвы – студенты и сотрудники МВТУ им.Н.Э. Баумана.

莫斯科鲍曼高等技术学校教职工与学生——伟大的卫国战争时期的苏联英雄

莫斯科鲍曼高等技术学校的教职工与学生参与了伟大的卫国战争中的所有会战。鲍曼战士的座右铭是：“鲍曼人永远一往无前！”其中17人被授予“苏联英雄”称号。

Студенты и сотрудники МВТУ им.Н.Э. Баумана– ГЕРОИ СОВЕТСКОГО СОЮЗА периода Великой Отечественной войны

Студенты и сотрудники МВТУ им. Н.Э. Баумана были участниками всех сражений Великой отечественной войны. Девизом фронтовиков-бауманцев были слова: «Бауманцы никогда не были и не будут в последних рядах». Семнадцать из них стали Героями Советского союза.

库尼科夫・采扎里・利沃维奇（1909.06.23—1943.02.14）

自1931年起，库尼科夫・采扎里・利沃维奇先后在莫斯科鲍曼高等技术学校、莫斯科工业科学院和莫斯科布勃诺夫机械制造学院学习。伟大的卫国战争伊始，他以志愿兵的身份参军入伍，后指挥黑海军团中的海军陆战队第305大队。被授予“苏联英雄”称号，他的名字被永久地镌刻在莫斯科的一个广场之上。

Куников Цезарь Львович(1909.06.23–1943.02.14)

В 1931 г. поступил в МВТУ имени Н.Э. Баумана, впоследствии окончил Московскую промышленную академию и Московский машиностроительный институт им. А.С. Бубнова. С началом Великой Отечественной войны Цезарь Куников вступил добровольцем в армию. Командовал 305-м отдельным батальоном морской пехоты в составе Черноморской группы войск. Цезарю Куникову посмертно присвоено звание Героя Советского Союза. Его именем названа одна из площадей Москвы.

拉休普金・安德烈・伊万诺维奇（1920—1941.12.08）

1941 年 12 月 8 日莫斯科高等技术学校学生、少尉、坦克战斗成员组的射击通信员——拉休普金在解放齐赫文市的战役中牺牲。

Ращупкин Андрей Иванович(1920–08.12.1941)

В боях за освобождение г. Тихвина 8 декабря 1941 г. смертью героя погиб студент МВТУ А. Ращупкин – младший лейтенант, стрелок-радист танкового экипажа.

帕西科・叶夫多基雅・鲍里索夫娜（1919 年生）

帕西科出生于吉尔吉斯斯坦伊塞克湖地区杰特－奥古兹斯克区利边科村的一个农村家庭。伟大的卫国战争时期，帕西科在四年级的时候，以志愿兵的身份参军入伍。在战争期间，帕西科共完成了 790 次飞行战斗任务。被授予 5 枚勋章、“金星”奖章和奖牌。1953~1987 年，她在莫斯科鲍曼国立技术大学执教。

Пасько Евдокия Борисовна (1919 г. р.)

Детство Пасько прошло в с. Липенка Джеты-Огузского района Иссык-Кульской области Киргизии, где она родилась в крестьянской семье.Во время Великой Отечественной войны, будучи студенткой четвёртого курса, ушла добровольцем в армию. За годы войны Пасько совершила 790 боевых вылетов. Награждена: 5-ю орденами, Золотой Звездой, медалями. С 1953 по 1987 гг. она преподавала математику в МВТУ им. Н.Э. Баумана.

什库尔达洛夫・叶甫盖尼・维克托罗维奇（1921—2000）

涅韦尔市人（现普斯科夫州）。1939 年考入列宁格勒化学工艺学院。1941 年 8 月投身到伟大的卫国战争前线战斗中。1944 年 3 月 10 日，被授予“苏联英雄”称号。退役后，1964 年毕业于莫斯科鲍曼高等技术学校，专业为自动设备，随后在有色金属学院做工程师。获得了多枚勋章与奖章。

Шкурдалов Евгений Викторович (1921–2000)

Уроженец г. Невеля (ныне – Псковской обл.). В 1939 г. поступил в Ленинградский химико-технологический институт. В августе 1941г. воевал на фронтах Великой Отечественной войны. 10 марта 1944 г. он был удостоен звания Героя Советского Союза. После увольнения в запас окончил МВТУ им. Н.Э. Баумана в 1964 г. по специальности автоматические установки, после чего работал инженером в Институте цветной металлургии.Награждён многими орденами и медалями.

扎洛杜辛·鲍里斯·亚历山大洛维奇（1922—1997）

苏联英雄。出生于伊久姆市（现乌克兰哈尔科夫州）。1940 年考入伏罗希洛夫格勒顿巴斯无产阶级高等空军领航学校。1945 年 8 月 18 日被授予“苏联英雄”称号。1946 年退伍后，考入莫斯科鲍曼高等技术学校。

Золотухин Борис Александрович (1922–1997)

Герой Советского Союза. Родился в г. Изюм (ныне Харьковской области Украины). В 1940 г., после десятилетки, он поступил в Ворошиловградскую военно-авиационную школу. 18 августа 1945 г. Б.А. Золотухину было присвоено звание Героя Советского Союза.Уйдя в запас в 1946 г., он поступил в МВТУ им. Н.Э. Баумана.

佩特柳克·伊奥西夫·马特韦耶维奇（1897—1968）

出生于沃伦省涅米洛夫卡村的农民家庭。1941 年 9 月 И.М. 佩特柳克参加了伟大的卫国战争。1944 年 1 月 15 日 И.М. 佩特柳克被授予“苏联英雄”称号。1946~1957 年 И.М. 佩特柳克在莫斯科鲍曼高等技术学校从事技术岗位工作。

Петлюк Иосиф Матвеевич (1897–1968)

Выходец из крестьянской семьи деревни Немировка Волынской губернии.

И.М. Петлюк участвовал в Великой Отечественной войне с сентября 1941 г. За совершённые подвиги 15 января 1944 г. И.М. Петлюку было присвоено звание Героя Советского Союза. В1946-1957 гг. И.М. Петлюк работал в МВТУ им. Н.Э.Баумана на технических должностях.

阿勒别耶夫·谢苗·巴弗洛维奇（1909—1979）

出生于沃罗涅日州奥谢特洛夫卡村农民家庭，在国有农场做拖拉机手。1931 年被征召入伍。毕业于炮兵学校少尉专修班。1940 年 4 月 7 日被授予了“苏联英雄”称号。1961~1979 年在莫斯科鲍曼高等技术学校总机械师处工作。

Алпеев Семен Павлович (1909–1979)

Родился в крестьянской семье села Осетровка Воронежской губ., работал трактористом в совхозе. Будучи призван в 1931 году в армию, окончил полковую школу артиллерии, курсы младших лейтенантов. 7 апреля 1940 г. С.П. Алпееву было присвоено звание Героя Советского Союза.С 1961 по 1979 год работал в отделе главного механика МВТУ им. Н.Э.Баумана.

普鲁日尼科夫·季莫费·格里国里耶维奇（1941—1966）

出生于沃罗涅日州干杰米洛夫卡村的农民家庭。1936年毕业于莫斯科炮兵学校，在炮兵连服役。1938~1939年作为志愿者参加西班牙国内战争进行反法西斯斗争。1944年10月26日被授予了“苏联英雄”的称号。后来他的团经过数次战役到达了柏林，获得了“柏林团”的称号。退伍转为预备役后，1960~1966年他成为莫斯科鲍曼高等技术学校M-7教研室的实验室主任。

Плужников Тимофей Григорьевич (1914–1966)

Родился в крестьянской семье села Кантемировка Воронежской губ. В 1936 г. закончил Московскую артиллерийскую школу, служил в артиллерии. В 1938-39 гг. в качестве добровольца участвовал в гражданской войне в Испании на стороне антифашистов. Стало присвоение Т.Г. Плужникову 26 октября 1944 г. звания Героя Советского Союза. Впоследствии его полк дошёл с боями до Берлина, получив наименование «Берлинский».Уйдя в запас, в 1960-66 гг. он работал заведующим лабораторией каф. М-7 МВТУ им. Н.Э.Баумана.

济明·格奥尔基·瓦西里耶维奇（1912—1997）

苏联军事长官，空军元帅，苏联英雄。1943年4月，中校济明被任命为加里宁斯克战线、第一波罗的海沿岸战线、第一白俄罗斯战线、第二白俄罗斯战线、第三白俄罗斯战线第240歼击航空师师长。1943年9月28日，苏联最高苏维埃主席团授予济明上校“苏联英雄”称号。他著有回忆录《歼击机》以及歼击航空空气流体动力学与战术方向的一些教科书。

Зимин Георгий Васильевич (1912–1997)

Советский военачальник, маршал авиации, герой Советского Союза. С апреля 1943 года подполковник Г.В. Зимин назначен командиром 240-й истребительной авиационной дивизии на Калининском, 1-м Прибалтийском, 2-м Белорусском, 3-м Белорусском и 1-м Белорусском фронтах. Полковник авиации (май 1943). Указом Президиума Верховного Совета СССР от 28 сентября 1943 года полковнику Зимину присвоено звание Героя Советского Союза.Автор мемуаров «Истребители» и нескольких учебников по аэрогидродинамике и тактике истребительной авиации.

维克多·格奥尔吉耶维奇·拉扎列夫（1914—1942.07.17）

1936年开始从军。毕业于空军第3军事学校。大尉、航空兵大队指挥官。1942年7月17日驾驶“飓风”战斗机在执行战斗任务时牺牲，安葬在列宁格勒州格尔奇采村。被授予列宁勋章（1941.12.03）和红旗勋章（1942.06.04）。

Виктор Георгиевич Лазарев (1914–17.07.1942)

В армии с 1936 г. Окончил 3-ю военную школу летчиков. Капитан, командир авиационной эскадрильи. 17.07.42 г. вылетел на самолете "Харрикейн" и погиб при выполнении боевого задания. Похоронен в д. Горчицы Ленинградской области. Награжден орденами Ленина (03.12.41), Красного Знамени (04.06.42).

米哈伊尔·马克西莫维奇·格波利涅茨（1911.06.10—1942.05.19）
1942 年 2 月 26 日被授予列宁勋章。
1942 年 5 月 19 日，担任第 485 歼击航空兵团航空大队指挥官的米·马·格波利涅茨大尉驾驶“飓风”战斗机与两架飞机相撞时牺牲。葬于加里宁州戈拉村树林中的阵亡将士公墓。1942 年 6 月 4 日被授予红旗勋章。

Михаил Максимович Габринец. (10.06.1911–19.05.1942)
26.02.42 г. награжден орденом Ленина.
19.05.42 г. командир АЭ 485 ИАП капитан М.М. Габринец на самолете "Харрикейн" погиб при столкновении двух самолетов в воздухе. Похоронен в братской могиле в лесу у д. Гора Калининской области.04.06.42 г. награжден орденом Красного Знамени.

亚历山大·格里戈里耶维奇·季莫申科（1903—1974）
出生在罗斯托夫州卡缅斯卡亚村（今卡缅斯克－沙赫京斯基市）的一个工人家庭。国内战争期间保卫了苏维埃政权，后来当了红军炮兵。1935 年毕业于敖德萨岸炮学院。1945 年 5 月 31 日被授予“苏联英雄”称号。1963~1974 年转到预备役后任莫斯科鲍曼高等技术学校 M–4 教研室的实验室副主任。为表彰其 25 年的功勋而授予他“金星奖章”（№ 6488）（1945）和列宁勋章（1944），由于获得“苏联英雄”称号而授予他列宁勋章（1945），为表彰其 30 年的功勋而授予他红旗勋章（1945），被授予四枚红旗勋章，二级苏沃洛夫勋章，二级库图佐夫勋章，被授予两枚红星勋章。

Тимощенко Александр Григорьевич (1903–1974)
Родился в станице Каменская (ныне г. Каменск-Шахтинский) Ростовской области в семье рабочего. Во время гражданской войны защищал советскую власть, впоследствии служил в артиллерии Красной Армии. В 1935 г. окончил Одесскую школу береговой артиллерии. 31 мая 1945 года ему было присвоено звание Героя Советского Союза.Уйдя в запас, с 1963 по 1974 гг., он работал заведующим лабораторией каф. М-4 МВТУ им. Н.Э. Баумана. медаль «Золотая Звезда» (№ 6488) (1945), орден Ленина (1944) - за 25 лет выслуги, орден Ленина (1945) - к званию Героя Советского Союза, орден Красного Знамени (1948) - за 30 лет выслуги, еще 4 ордена Красного Знамени, орден Суворова 2-й степени, орден Кутузова 2-й степени, два ордена Красной Звезды медали.

罗班诺夫·叶甫盖尼·亚历山大罗维奇（1916—1974）
出生于莫斯科州巴甫洛夫镇的一个工人家庭；毕业于莫斯科鲍曼机械机器制造学院工人培训系。1944 年 1 月 22 日，被授予“苏联英雄”称号。罗班诺夫 E.A. 被授予多枚勋章和奖牌。

Лобанов Евгений Александрович (1916–1974)
Родился в г. Павловский Посад Московской губ. в семье рабочего; окончил рабфак при МММИ имени Н.Э. Баумана. 22 января 1944 года ему было присвоено звание Героя Советского Союза. Е.А.Лобанов был награждён несколькими орденами и медалями.

穆克廖夫・巴维尔・米哈伊罗维奇（1907—1992）

出生于乌克兰日托米尔的一个工人家庭，在莫斯科鲍曼高等技术学校学习三年，在工厂担任工长。1932 年参加苏联红军，1935 年毕业于军事工程学院。1939~1940 年参加了苏联－芬兰战争。1943 年 11 月 17 日被授予“苏联英雄”的称号。

Мугалев Павел Михайлович (1907–1992)

Родился в г. Житомир в семье рабочего. Окончил 3 курса МВТУ, работал мастером на заводе. С 1932 г. – в Красной армии; в 1935 г. окончил Военно-инженерную академию. Принимал участие в Советско-финляндской войне 1939-40 гг. 17 ноября 1943 г. П.М. Мугалёву было присвоено звание Героя Советского Союза.

托克列夫・尼古拉・亚历山大洛维奇（1907—1944）

出生于图拉一个工人家庭。在图拉兵工厂从事钳工工作。1930 年他在工人培训系顺利毕业以后，考入莫斯科鲍曼高等技术学校。1931 年加入苏联红军。1940 年 4 月 21 日被授予“苏联英雄”称号。1944 年 1 月 31 日，少将托克列夫在叶夫帕托里亚攻击敌人海军护卫舰护舰队时不幸牺牲。

Токарев Николай Александрович (1907–1944)

Родился в г. Туле в семье рабочего. Работал слесарем на Тульском оружейном заводе. 21 апреля 1940 г. ему было присвоено звание Героя Советского Союза. Генерал-майор Н.А. Токарев погиб 31 января 1944 г. во время атаки вражеского морского конвоя близ г. Евпатории.

别列科里斯基・斯杰潘・尼古拉耶维奇（1898—1943）

1923 年结束在莫斯科鲍曼高等技术学校工人培训系的 2 年学习。在伟大的卫国战争初期，他回到红军队伍中。曾任步兵团团长，总队副指挥官。1943 年 4 月 28 日，追授他“苏联英雄”荣誉称号。在库尔斯克他牺牲的地方有以他的名字命名的广场和街道。

Перекальский Степан Николаевич q(1898–1943)

В 1923 г. Степан Николаевич окончил 2 курса рабфака при МВТУ. С началом Великой Отечественной войны С.Н. Перекальский вернулся в армию. Он был командиром стрелкового полка, заместителем командира дивизии. 28 апреля 1943 г. ему посмертно было присвоено звание Героя Советского Союза. Его именем названы площадь и улица в центре г. Курска, где он погиб.

莫斯科鲍曼高等技术学校毕业生——苏联国防工业人民委员

Выпускники МВТУ им. Н.Э. Баумана – народные комиссары оборонной промышленности СССР

图片中从左至右依次为：
乌斯季诺夫·德米特里·费多罗维奇——1941~1953 年任苏联武器装备人民委员。
马雷舍夫·维亚切斯拉夫·亚历山德罗维奇——1943~1945 年任苏联坦克工业人民委员。
万尼科夫·鲍里斯·利沃维奇——1942~1945 年任苏联弹药人民委员。

На снимке слева направо.
Устинов Дмитрий Федорович – нарком вооружения СССР 1941-1953гг.
Малышев Вячеслав Александрович – нарком танковой промышленности СССР 1943-1945гг.
Ванников Борис Львович – нарком боеприпасов СССР 1942-1945гг.

万尼科夫·鲍里斯·利沃维奇（1897—1962）——苏联政治家，苏联军事工业和核能工业的组织者。首批荣获三次“社会主义劳动英雄”称号的人之一（1942、1949、1954）。1945 年至 1953 年间任苏联人民委员会第一总局（从 1946 年起变为苏联部长会议第一总局——核武器生产机构）局长。曾三次荣获“社会主义劳动英雄”称号（1942、1949、1954），两次荣获“斯大林奖金”（1951、1953）。1944 年被授予工程技术部上将军衔。1920 至 1926 年间就读于鲍曼高等技术学院（机械工程系，金属和木材工艺教研室）。1937 年，万尼科夫被任命为副人民委员，并于 1939 年被任命为国家国防工业人民委员。1941 年 6 月初，根据 И. В. 斯大林的指示，万尼科夫制定出了战时武器生产发展计划。1942 年初起，Б. Л. 万尼科夫被任命为弹药人民委员，并一直任职至伟大的卫国战争结束。1939 年至 1961 年间，他担任苏共中央委员会委员。1946 至 1950 年间，担任苏联最高苏维埃代表。Б. Л. 万尼科夫的灵柩被安葬在克里姆林宫墙下。

Ванников Борис Львович (1897–1962) – советский государственный деятель, организатор советской военной и атомной промышленности. Один из первых трижды Героев Социалистического Труда (1942, 1949, 1954). В 1945–1953 – начальник Первого главного управления при СНК СССР (с 1946 – при Совете министров СССР – организация производства ядерного оружия). Трижды Герой Социалистического Труда (1942, 1949, 1954), дважды лауреат Сталинской премии (1951, 1953). Генерал-полковник инженернотехнической службы (1944). В 1920–26 гг. учился в Высшем техническом училище имени Н.Э. Баумана (Механический факультет, кафедра технологии металлов и дерева).В 1937 г. Ванников был назначен заместителем наркома и в 1939 г. – наркомом оборонной промышленности страны. В начале июня 1941 г. по указанию И.В. Сталина составил план развития производства вооружения в условиях военных действий.С начала 1942 года Б. Л. Ванникова назначен на пост наркома боеприпасов, на котором он находился до конца войны.Член ЦК КПСС в 1939-1961 годах. Депутат Верховного Совета СССР в 1946–1950 годах.Урна с прахом Б. Л. Ванникова захоронена в Кремлевской стене.

马雷舍夫·维亚切斯拉夫·亚历山德罗维奇（1902—1957）——苏联政治家、“斯大林人民委员部”杰出人物之一，与 И. Ф. 捷沃相、Б. Л. 万尼科夫、Д. Ф. 乌斯季诺夫以及 А. Н. 柯西金齐名，20 世纪 30 年代末至 50 年代初这些杰出人物共同领导了苏联的工业建设。1930 年 7 月，在经过三个月的培训后，作为第三批千人党员团中的一员，马雷舍夫被派到莫斯科鲍曼高等技术学校学习，就读于热力及水力机械工程系。维亚切斯拉夫·亚历山德罗维奇曾担任第一颗热核弹试验的国家委员会指挥，该试验于 1953 年 8 月 12 日在塞米巴拉金斯克试验场进行。1953 年 12 月起，马雷舍夫任苏联部长会议副主席一职。1955 年 12 月，他被调离该职位，并被任命为苏联部长会议国家经济委员会第一副主席，该经济委员会负责现行国民经济的规划工作。В. А. 马雷舍夫于 1957 年 2 月 20 日与世长辞。他被安葬在克里姆林宫墙下。1944 年，В. А. 马雷舍夫被授予“社会主义劳动英雄”称号。В. А. 马雷舍夫被授予四枚“列宁勋章”、“苏沃洛夫一级勋章”以及“库图佐夫一级勋章”、“保卫莫斯科”奖章、“保卫斯大林格勒”奖章及“1941~1945 年间伟大卫国战争中战胜德国法西斯”奖章。他还曾两次获得苏联国家奖金。1945 年，В. А. 马雷舍夫被授予坦克工程部上将军衔。

Малышев Вячеслав Александрович (1902–1957) – советский государственный деятель, один из плеяды «сталинских наркомов», наряду с И. Ф. Тевосяном, Б. Л. Ванниковым, Д. Ф. Устиновым, А. Н. Косыгиным, руководивших созданием индустрии Советского Союза в конце 30-х – начале 50-х годов XX века. В июле 1930 г. Малышев, после трехмесячной подготовки, в составе третьей партийной тысячи был направлен в Московское высшее техническое училище им. Н.Э. Баумана, учился на факультете Тепловых и гидравлических машин. Вячеслав Александрович был руководителем Государственной комиссии по испытанию первой термоядерной бомбы, проведенному на Семипалатинском полигоне 12 августа 1953 г. С декабря 1953 г. Малышев являлся заместителем председателя Совета Министров СССР. В декабре 1955 г. он был назначен первым заместителем председателя Государственной экономической комиссии Совета Министров СССР по текущему планированию народного хозяйства – министром СССР. Скончался В.А.Малышев 20 февраля 1957 г. Похоронен у Кремлевской стены. Герой Социалистического Труда (1944). А.Малышев был награжден четырьмя орденами Ленина, орденом Суворова 1-й степени, орденом Кутузова 1-й степени; медалями: «За оборону Москвы», «За оборону Сталинграда», «За победу над Германией в Великой Отечественной войне 1941–1945 гг.». Дважды лауреат Государственной премии СССР. Генерал-полковник инженерно-танковой службы (1945).

乌斯季诺夫·德米特里·费多罗维奇（1908—1984）

乌斯季诺夫·德米特里·费多罗维奇出生于萨马拉市的一个工人家庭。1922 年以志愿兵身份加入红军，随后参加了对巴斯马奇分子的作战行动。1929 年，Д. Ф. 乌斯季诺夫考入伊万诺沃理工学院，并从那调到了莫斯科鲍曼高等技术学校机械系，随后又调到了重新建好了的列宁格勒军事机械学院。1941~1953 年，Д. Ф. 乌斯季诺夫任苏联武器装备人民委员（自 1946 年任苏联武器装备部部长），1953~1957 年任苏联国防工业部部长，1957~1965 年任苏联部长会议第一副主席，1965~1976 年任苏共中央书记，处理过多项国家军工联合企业的发展问题，其中包括积极参与“火箭项目”。1976~1984 年任苏联国防部长。1978 年 10 月 27 日，由于在伟大的卫国战争期间巩固国防和战后时期做出的巨大贡献被授予“苏联英雄”称号。Д. Ф. 乌斯季诺夫荣获 17 枚苏联奖章、11 枚列宁勋章（1939、1942、1944、1951、1956、1957、1958、1968、1971、1978、1983）、两次“社会主义劳动英雄”称号（1942、1961），苏沃洛夫一级勋章、列宁奖金和斯大林奖金，以及许多外国勋章。Д. Ф. 乌斯季诺夫逝世后葬于克林姆林宫墙下。

Устинов Дмитрий Федорович (1908–1984)

Родился в 1908 г. в г. Самаре в семье рабочего. В 1922 году вступил добровольцем в Красную армию, позже участвовал в боевых действиях с басмачами. 1929 г. Д.Ф. Устинов поступил в Ивановский политехнический институт, из которого был переведён в МВТУ им. Н.Э. Баумана, механический факультет, а затем во вновь создававшийся Ленинградский военно-механический институт.В 1941–1953 гг. Д.Ф. Устинов являлся наркомом (с 1946 – министром) вооружения СССР, в 1953–1957 гг. – министром оборонной промышленности СССР, в 1957–1965 гг. – заместителем и первым заместителем председателя Совета министров СССР, в 1965–1976 гг. – секретарём ЦК КПСС, занимался вопросами развития военно-промышленного комплекса страны, в т. ч. активно участвовал в «ракетном проекте». 1976–1984 гг. он был министром обороны СССР. 27 октября 1978 г. «за большие заслуги в укреплении обороны страны в годы Великой Отечественной войны и послевоенный период» маршалу Советского Союза Д.Ф. Устинову было присвоено звание Героя Советского Союза.Устинов Д.Ф. награжден 17 медалями СССР, 11 Орденами «Ленина» (1939, 1942, 1944, 1951, 1956, 1957, 1958, 1968, 1971, 1978, 1983), дважды Герой Социалистического труда (1942 г. и 1961 г.), орденом «Суворова» 1 степени, Лауреат Ленинской и Сталинских премий, награжден орденами иностранных государств.После смерти Дмитрия Фёдоровича урна с его прахом была помещена в Кремлёвскую стену.

莫斯科鲍曼高等技术学校毕业生——著名航空工程设计师

Выпускники МВТУ им. Н.Э.Баумана – выдающиеся конструкторы авиационной техники

图波列夫·安德烈·尼古拉耶维奇（1888—1947）
苏联航空工业的总设计师、航空工程勤务上将、苏联科学院院士。
1908 年考入皇家技术学院（后来的莫斯科鲍曼高等技术学校）。自 1909 年起为航空飞行小组成员，参与了滑翔机的制造，并独立完成首飞试验。
1918 年第一次世界大战前夕，他回到了以优异成绩毕业的母校。1916~1918 年投身到俄罗斯第一所航空设计局的工作中；他在学校设计出了首批气动力试验装置，曾与 Н. Е. 茹科夫斯基一道是中央空气流体动力研究所的组织者和领导者之一。1918~1936 年任中央空气流体动力研究所委员会委员及副所长。1925 年安德烈·尼古拉耶维奇建造了全金属双引擎飞机 ТБ-1。1934 年多引擎式飞机——“马克西姆·高尔基”问世。1951 年图波列夫设计局设计并生产了新型喷气式轰炸机 Tu-16，其速度高于 1000 千米 / 小时。很快，第一架国产喷气式客机 Tu-104 就问世了。1952 年 11 月 12 日，超远程战略导弹轰炸机 Tu-95 首飞成功。在 Tu-95 设计思想的基础上建造了洲际涡轮螺旋桨式客机 Tu-114。随后在图波列夫的领导下，第 156 特种设计局制造了超音速导弹轰炸机 Tu-22 及具有先进作战能力的 Tu-22M。在 А. Н. 图波列夫亲自领导下所建造的民用飞机 Tu-124、Tu-134 及 Tu-154 多年以来一直飞行稳定。1968 年超音速客机 Tu-144 首飞成功。三次被授予“社会主义劳动英雄”称号（1945、1957、1972），“劳动英雄”称号（1926），八枚列宁勋章，十月革命勋章（1971），苏沃洛夫二级勋章（1944），卫国战争一级勋章（1943），两枚劳动红旗勋章（1927，1933），红星勋章（1933），“荣誉称号”勋章（1936），“格奥尔吉·季米特洛夫”勋章（保加利亚民主共和国，1964）及其他一些奖章。

Туполев Андрей Николаевич (1888–1974)
Генеральный конструктор авиационной промышленности СССР, Генерал-полковник инженерно-авиационной службы, академик Академии наук СССР.
В 1908 поступил в Императорское техническое училище (позднее МВТУ им.Н.Э. Баумана). С 1909 года – член воздухоплавательного кружка. Участвовал в постройке планёра, на котором самостоятельно совершил первый полет (1910)
Накануне Первой мировой войны вернулся в Училище, которое он с отличием окончил в 1918 году. В 1916-1918 годах Туполев участвовал в работах первого в России авиационного расчётного бюро; конструировал первые аэродинамические трубы в Училище. Вместе с Н. Е. Жуковским был организатором и одним из руководителей Центрального аэрогидродинамического института (ЦАГИ). В 1918–1936 годах он являлся членом коллегии и заместителем начальника ЦАГИ.
В 1925 году Андрей Николаевич создал цельнометаллический двухмоторный самолёт ТБ-1, который отличался высокими лётными данными и считался одним из лучших в мире бомбардировщиков. В 1932 году был сконструирован усовершенствованный самолёт ТБ-3, с помощью которого в 1937 году была осуществлена высадка экспедиции на Северном полюсе. Также в 1932 году под руководством Туполева бригадой П. О. Сухого был сконструирован самолет АНТ-25.
В 1934 году появился многомоторный самолёт модели «Максим Горький». Он имел восемь двигателей, полезную площадь более 100 м² и пассажировместимость до 60 человек.
К 1951 КБ Туполева году разработало и выпустило новую модель – реактивный бомбардировщик ТУ-16. Он был способен развивать скорость более 1000 км/ч. Вскоре появился первый отечественный реактивный гражданский самолёт – Ту-104.
12 ноября 1952 года выполнил свой первый полет сверхдальний стратегический ракетоносец Ту-95. На основе идей, заложенных в конструкцию Ту-95, был создан пассажирский турбовинтовой межконтинентальный самолет Ту-114.
Затем в ОКБ-156 под руководством Туполева были созданы сверхзвуковые ракетоносцы Ту-22 и Ту-22М с расширенными боевыми возможностями. Долгие годы надежно работали в небе самолеты гражданской авиации Ту-124, Ту-134 и Ту-154, созданные под непосредственным руководством А.Н.Туполева. В 1968 году совершивший свой первый полет сверхзвуковой пассажирский лайнер Ту-144.
Трижды Герой Социалистического Труда (1945, 1957, 1972),Герой Труда (1926),восемь орденов Ленина ,орден Октябрьской Революции (1971),орден Суворова II степени (1944),орден Отечественной войны I степени (1943),два ордена Трудового Красного Знамени (1927, 1933),орден Красной Звезды (1933),орден «Знак Почёта» (1936), орден «Георгий Димитров» (Народная Республика Болгария, 1964), а также медали

Tu-2 轰炸机
Бомбардировщик Ту-2

拉沃奇金·谢苗·阿列克谢耶维奇（1900—1960）
航空设计局总设计师，工程技术局少将，苏联科学院通信院士。
1918~1920 年参加了红军。1920 年复员并被派到莫斯科鲍曼高等技术学校学习，于 1927 年毕业。1938~1939 年在航空工业管理总局工作。自 1939 年起任飞机制造总设计师，莫斯科州希姆基市第 301 飞机制造厂设计局局长。在他的领导下制造了歼击机 LaGG-3（与 М.И. 古德科夫和 В.П. 戈尔布诺夫一起）。1941~1945 年共建造了 22 500 架拉沃奇金飞机。1943 年被授予“社会主义劳动英雄”荣誉称号。С.А. 拉沃奇金设计的防空火箭一直被使用到 20 世纪 80 年代初。1956 年拉沃奇金·谢苗·阿列克谢耶维奇被再次授予“社会主义劳动英雄”荣誉称号。奖励：四次获得苏联斯大林奖金，三次被授予列宁勋章，红星勋章，苏沃洛夫一级、二级勋章，还被授予其他奖章，其中包括：“战功”奖章。

Лавочкин Семён Алексеевич (1900–1960)
генеральный конструктор авиационного конструкторского бюро, генерал-майор инженерно-технической службы, член-корреспондент Академии наук СССР.
В 1918-20 годах - воевал в Красной армии. В 1920 году был демобилизован и направлен на учебу в Московское высшее техническое училище им. Н.Э. Баумана. Окончил МВТУ в 1927 году. 1938 - 1939 годах работал в Главном управлении авиационной промышленности. С 1939 главный конструктор по самолётостроению, руководитель конструкторского бюро (КБ) на авиазаводе № 301 в городе Химки Московской области. Под его руководством там создан истребитель ЛаГГ-3 (совместно с М.И.Гудковым и В.П.Горбуновым). Всего в 1941 - 1945 годах построены 22 500 экземпляров самолетов Лавочкина. За выдающиеся заслуги в деле создания авиационной техники в 1943 году С.А. Лавочкину было присвоено звание Героя Социалистического Труда. Зенитные ракеты конструкции С.А. Лавочкина находились на боевом дежурстве до начала 80-х годов. В 1956 году Лавочкину Семёну Алексеевичу повторно присвоено звание Героя Социалистического Труда. Награды: Лауреат четырёх Сталинских премий СССР, награждён тремя орденами Ленина, орденом Красного Знамени, орденом Суворова 1-й и 2-й степеней, медалями, в том числе "За боевые заслуги".

佩特利亚科夫·弗拉基米尔·米哈伊洛维奇（1891—1942）
苏联飞机设计师，斯大林奖金获得者。
1911 年进入莫斯科皇家技术学院（后更名为莫斯科鲍曼高等技术学校）学习，由于经济困难不得不中途辍学。革命后继续在莫斯科鲍曼高等技术学校学习，同时在航空试验计算局做实验员。他作为 А. Н. 图波列夫设计团队成员参与了滑行艇及螺旋桨雪橇的研制，随后作为图波列夫领导的设计局成员参与了飞机的研制。佩特利亚科夫被授予斯大林一级奖金，两次授予列宁勋章、红星勋章。

Петляков Владимир Михайлович (1891–1942)
советский авиаконструктор, лауреат Сталинской премии.
В 1911 году поступил на механический факультет в Императорское Московское техническое училище (позднее – МВТУ им.Н.Э. Баумана). Из-за материальных трудностей был вынужден прервать учёбу. После революции продолжил учиться в МВТУ и одновременно работал лаборантом в аэродинамической лаборатории при авиационном расчётно-испытательном бюро. В составе конструкторской группы А. Н. Туполева принимал участие в разработках глиссеров и аэросаней, а впоследствии и самолётов в составе конструкторского бюро (КБ) Туполева. Петляков был удостоен Сталинской премии I степени. В.М. Петляков награжден двумя орденами Ленина, орденом Красной Звезды,

苏霍伊·帕维尔·奥西波维奇 (1895—1975)

苏联飞机设计师，两次获得“社会主义劳动英雄”称号，工程学博士，苏联喷气式和超音速飞机的创始人之一。

1914 年 П.О. 苏霍伊进入莫斯科大学物理数学系学习。1915 年，他转入帝国技术学校（后来更名为莫斯科鲍曼高等技术学校）。1916 年，П.О. 苏霍伊应征入伍。1920 年，他回到莫斯科鲍曼高等技术学校，并成为一名机械学院的学生。上学期间他还在中央流体力学研究院当制图员，在 А.Н. 图波列夫的指导下完成了毕业设计方案——《功率为 300 马力的单座歼击机》。

П.О. 苏霍伊晚年致力于设计高性能飞机：他是 50 种飞机的原创设计者，其中有 34 种型号完成制造并进行试飞。奖励：红星勋章，荣誉勋章，“十月革命”勋章，“劳动红旗”勋章，两次列宁勋章，1943 年因设计苏 –6 装甲强击机获斯大林一等奖，两次获得“社会主义劳动英雄”称号，1968 年获列宁奖，1975 和 1996 年两次追授苏联国家奖，1975 年因在航空科技领域的杰出贡献追授 А.Н. 图波列夫金奖。

Сухой Павел Осипович (1895-1975) – советский авиаконструктор, дважды Герой Социалистического Труда, доктор технических наук, один из основателей советской реактивной и сверхзвуковой авиации.

В 1914 году П. Сухой поступает на физико-математический факультета Московского университета.. В 1915 году переходит в Императорское техническое училище (позднее МВТУ им.Н.Э. Баумана. В 1916 г. П.О.Сухой был призван в армию. В 1920 г. возвращается в МВТУ и становится студентом механического отделения. Одновременно с учебой с 1924 г. П.Сухой работает чертёжником в ЦАГИ, там под руководством А.Н.Туполева он делает дипломный проект «Одноместный истребитель с мотором 300 л.с».

В последние годы жизни П.О. работал над созданием высокоэффективных самолётов: П.О.Сухой стал автором 50 оригинальных конструкций самолетов, 34 из которых были построены и испытаны.

Награды:Орден "Красной Звезды, Орден "Знак Почёта", Орден "Октябрьской Революции", Орден "Трудового Красного Знамени", два Ордена "Ленина,Лауреат Сталинской премии 1ст, 1943 год, за создание бронированного штурмовика СУ-6, Дважды герой Социалистического Труда, Лауреат Ленинской премии, 1968 год. Дважды лауреат Государственной премии СССР– посмертно, 1975 год и 1996год. Золотая медаль им. А.Н. Туполева - посмертно, 1975 год, за выдающиеся работы в области авиационной науки и техники.

苏 –2 歼击机结构图

Бомбардировщик СУ-2 конструкции

莫斯科鲍曼高等技术学校教师对前线战争的贡献

莫斯科鲍曼国立技术大学的全体教职员工为前线战争做出巨大贡献，研制新型武器系统和弹药装备。并与兵工企业建立直接联系。在工厂该校教授参与成立工人生产突击队。

该校教师创造研制新型军事技术。共计完成 200 余项具有国防意义的科研工作。20 余名教职员工因为出色的国防技术科研工作获得苏联国家奖。许多人被授予勋章和奖牌。

Ученые МВТУ им. Н.Э. Баумана – фронту.

Учеными и всем коллективом МГТУ им. Н.Э. Баумана был внесен большой вклад в разработку новых систем вооружений и типов боеприпасов. Были установлены прямые связи с военно-оборонными предприятиями. На заводах создавались ударные рабочие бригады с участием в них ученых.

Учеными университета были созданы новые военные технологии. Всего было выполнено около 200 научно-исследовательских работ оборонного назначения. За выдающиеся научные работы в области оборонной техники 20 сотрудников и преподавателей университета получили Государственные премии СССР. Многие были награждены орденами и медалями.

格拉宾·瓦西里·加夫里洛维奇（1900—1980）
伟大的卫国战争时期杰出的苏联火炮设计师。获得“社会主义劳动英雄”称号（1940）。四枚斯大林一级奖章获得者。自 1946 年起任火炮科研所所长兼总设计师。1957 年被任命为苏联部长会议下属的国防技术委员会第 58 中央科研所所长兼总设计师。自 1960 年在莫斯科鲍曼高等技术学校任教。

Грабин Василий Гаврилович, (1900–1980)
выдающийся советский конструктор артиллерийского вооружения Великой Отечественной войны. Герой Социалистического Труда (1940). Лауреат четырёх Сталинских премий первой степени.С 1946 года начальник и главный конструктор Научно-исследовательского артиллерийского института. В 1957 году назначен главным конструктором и директором ЦНИИ-58 Государственного комитета по оборонной технике при Совете Министров СССР.

巴尔明·弗拉基米尔·巴甫洛维奇（1909—1993）
苏联科学家，喷气发射装置、火箭－航天及军用起飞综合装置设计师，苏联国家科学院院士，社会主义劳动英雄模范（1956 年）。俄罗斯宇航事业发展奠基人之一。1909 年出生于莫斯科，毕业于工科技术学院，而后毕业于莫斯科机械机器制造学院（未来的莫斯科鲍曼高等技术学校）。从事工程师工作，研究压缩机和冷冻装置。1936 年赴美访问。20 世纪 40 年代末，压缩机厂总设计师。该厂在伟大的卫国战争开始不久转型生产火箭弹和喷气发射装置 Б М–8, Б М–13（喀秋莎）。他是莫斯科鲍曼国立技术大学（火箭发射综合装置）教研室创始人及第一任主任。

Бармин Владимир Павлович, (1909–1993)
советский учёный, конструктор реактивных пусковых установок, ракетно-космических и боевых стартовых комплексов. Академик АН СССР, Герой Социалистического Труда (1956). Один из основоположников российской космонавтики. Родился в 1909 году Москве, закончил реальное училище, а затем Московский механико-машиностроительный институт (в будущем МВТУ им. Н.Э. Баумана). Работал инженером, занимался разработкой компрессоров и холодильных установок. В 1936 году посещал США. С конца 1940 года – главный конструктор завода «Компрессор», который через несколько дней после начала Великой Отечественной войны был переориентирован на производство реактивных снарядов и пусковых установок БМ-8, БМ-13 («Катюши»). Основатель и первый заведующий кафедрой «Стартовые ракетные комплексы» МГТУ имени Н.Э. Баумана.

莎维林·鲍里斯·伊万诺维奇（1902—1965）
苏联迫击炮和火箭武器设计师。工学博士（1952 年），炮兵科学研究院通信院士（1949 年），社会主义劳动英雄（1945 年）。在火炮－武器－弹药合成生产部从事工程师工作，同时作为莫斯科高等技术大学的教师讲授材料电阻课程。除了迫击炮以外，1939~1940 萨维林的第四特种设计局还研制并生产深水炸弹发射炮 Б М Б－1，作为反潜艇武器装备。

Шавырин Борис Иванович, (1902–1965)
советский конструктор миномётногои реактивного вооружения. Доктор технических наук (1952), член-корреспондентАкадемии артиллерийских наук (1949), Герой Социалистического Труда (1945).Работал инженером в производственном отделе Орудийно-оружейно-пулемётного объединения, параллельно занимался преподавательской деятельностью, вёл в МВТУ курс сопротивления материалов. Помимо миномётов в 1939-1940 годах СКБ-4 Шавырина разработало и сдало на вооружение ВМФ большой морской бомбомет БМБ-1 для глубинных бомб, которым оснащались корабли противолодочной обороны.

莫斯科保卫战期间，1939 年型号团用 107 毫米山地火箭炮小分队在阵地上。莫斯科州，1941 至 1942 年冬。

Расчёт 107-мм полкового горно-вьючного миномёта образца 1938 года на позиции во время битвы за Москву. Московская область, зима 1941-1942 гг.

萨温・安纳托利・伊万诺维奇（生于 1920 年）

俄罗斯科学家，工学博士，信息控制及自动化系统领域专家，俄罗斯科学院院士，“金刚石－安泰”康采恩开放式股份有限公司学术负责人，社会主义劳动英雄（1976 年）。

1937 年免试进入莫斯科鲍曼高等技术学校学习。

伟大的卫国战争初期被派到高尔基市的工厂——苏联最大的地雷和坦克火炮加工厂之一。

萨温设计的新型反坦克装置被制造出来，并通过了各项测试。1946 年，总设计师萨温被授予斯大林奖一等奖。

Савин Анатолий Иванович, (1920 г.р.)

российский учёный, доктор технических наук, специалист в области информационно-управляющих автоматических систем, академик РАН, научный руководитель ОАО «Концерн ПВО «Алмаз – Антей». Герой Социалистического Труда (1976).

В 1937 году без вступительных экзаменов становится студентом МВТУ им. Н.Э. Баумана.

С началом Великой Отечественной войны его отзывают с фронта и направляют в город Горький на завод – один из крупнейших по производству полевой и танковой артиллерии в СССР.

Новые противооткатные устройства конструкции А.И. Савина были изготовлены, прошли все виды испытаний. В 1946 году главный конструктор А.И. Савин удостоен Сталинской премии I степени.

克里斯梯・米哈伊尔・康斯坦丁诺维奇（1890—1965）

苏联科学家、履带设备设计师、坦克编队理论奠基人。1921 年毕业于莫斯科高等技术学院。

1938 年他被任命为重新成立的莫斯科高等技术学院履带式汽车教研室主任，在这里由他创立的特种履式汽车理论、计算和设计方面的学术流派受到苏联和国外的一致认可。

1945 年设计出了新的坦克联动装置——首个无级变速行星齿轮转向传动机，命名为“ZK”（按指导者 Г.И. 扎伊奇科和 M.K. 克里斯梯的姓氏命名）。1946 年 M.K. 克里斯梯被授予斯大林奖。荣获俄罗斯联邦“功勋科学技术活动家”称号。

Кристи Михаил Константинович, (1890–1965)

советский ученый, конструктор гусеничной техники, основоположник теории расчета танков. Окончил МВТУ в 1921 году.

В 1938 году был назначен заведующим вновь созданной в МВТУ кафедрой Гусеничных машин, где им была создана признанная в СССР и за рубежом научная школа в области теории, расчета и проектирования специальных гусеничных машин. В 1945 году был разработан новый танковый агрегат – первая планетарная трансмиссия с бесступенчатым механизмом поворота, получившая наименование «ЗК» (по фамилиям руководителей работ Г.И. Зайчика и М.К. Кристи). В 1946 году М.К. Кристи стал лауреатом Сталинской премии. Удостоен звания Заслуженный деятель науки и техники РСФСР.

70 ЛЕТ
ВЕЛИКОЙ ПОБЕДЫ

伟大的卫国战争时期的教学情况

伟大的卫国战争时期，莫斯科鲍曼高等技术学校的教学工作并未停止。该校于 1941 年 10 月撤退至伊热夫斯克市。初期，莫斯科鲍曼高等技术学校被分散安置在技工学校、工业学院，随后获得了一所农业学校的建筑。学生在学习的同时也在国防企业工作。

Учеба в годы Великой Отечественной Войны

Учебный процесс в МВТУ им. Н.Э. Баумана не прекращался в течение всей Великой Отечественной войны. В октябре 1941 года МГТУ было эвакуировано в город Ижевск. Первоначально МВТУ размещалось в ремесленном училище и индустриальном техникуме, затем ему было выделено здание сельскохозяйственной школы. Одновременно с учебой студенты работали на оборонных предприятиях.

莫斯科鲍曼高等技术学校绘图辅导课。教师 X.A. 阿鲁斯塔莫夫在辅导学生。（莫斯科，1941 年）

Консультация по черчению в МВТУ. Преподаватель Х.А. Арустамов - консультирует студентку. (Москва, 1941 год)

机器与机械理论考试（莫斯科，1941 年）

Экзамен по теории машин и механизмов в МГТУ (Москва, 1941 год)

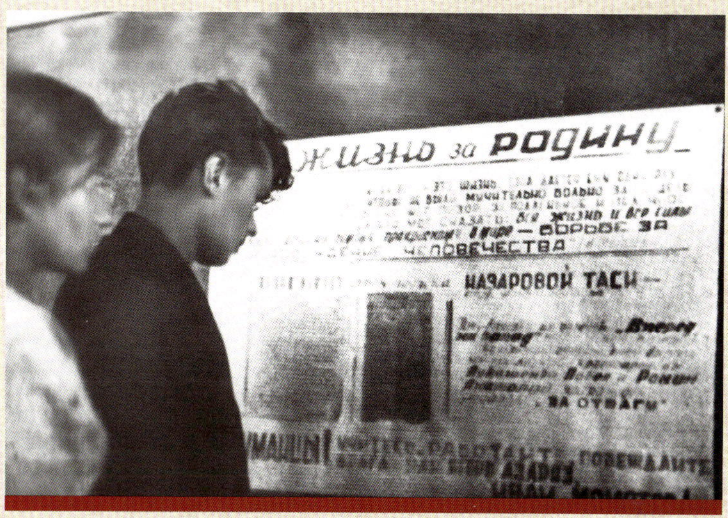

莫斯科鲍曼高等技术学校学生站在板报前（伊热夫斯克，1942 年）
Вести с фронта:
Студенты МВТУ у стенной газеты (Ижевск, 1942 год)

绘图课（伊热夫斯克，1942 年）
Занятия по черчению (Ижевск, 1942 год)

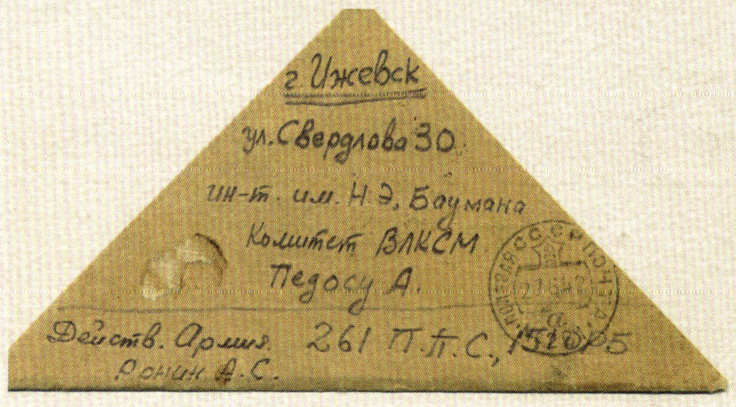

伟大的卫国战争期间由于没有信封，士兵们就把信折成一定形状后再封上。这种“士兵三角信”由野战邮政派送。这封信是鲍曼学生 A.C. 罗宁从前线写给在伊热夫斯克市继续学习的同学们的。

Во время Великой Отечественной войны в отсутствие конвертов солдаты запечатывали письма, сворачивая их определенным образом, Такие письма – «солдатские треугольники» принимала к доставке полевая почта. Это письмо прислал с фронта А.С. Ронин, студент-бауманец, своим товарищам, продолжавшим учебу в городе Ижевске.

劳动战线

在伟大的卫国战争期间莫斯科鲍曼高等技术学校的小工厂为防御做出了巨大贡献，它留在了莫斯科，被认为是大学的分支机构，像军事工厂一样工作着。1941 年这些小工厂开始生产反坦克枪，组织生产手榴弹零部件和火箭炮弹。首先这里开始铸造火箭炮弹硬模外壳——金属铸型。这将火箭炮弹的生产量扩大了 20 倍，生产成本降低了一半。

莫斯科鲍曼高等技术学校小工厂为战线提供了：各种口径的火箭炮弹外壳——200 万个，3 000 个火箭炮部件，702 000 个轻兵器枪身，3 000 个反坦克枪。

在莫斯科鲍曼高等技术学校小工厂里建立了 22 个共青团青年突击队，学生们工作在这里。

Трудовой фронт

В годы Великой Отечественной войны большой вклад в оборону внесли мастерские МВТУ им. Н. Э. Баумана, которые оставаясь в Москве и считаясь филиалом университета, работали, как военный завод. В 1941 году здесь началось изготовление противотанковых ружей, было организовано производство деталей для гранат и мин для минометов. Впервые здесь стали отливать корпуса мин в постоянную форму – кокиль. Это позволило увеличить их производство в 20 раз и снизить себестоимость в 2 раза.

Мастерские МВТУ им. Н. Э. Баумана поставили фронту: корпусов мин различных калибров – 2 миллиона штук, 3 тысячи узлов для минометов, 702 тысячи стволов для стрелкового оружия, 3 тысячи противотанковых ружей.

В мастерских МВТУ были созданы 22 ударные комсомольские молодежные бригады, в которых работали и студенты.

生产铸造火箭炮弹外壳的流水作业法

Поточный метод в производстве литья корпусов мин.

铸造火箭炮弹硬模外壳——金属铸型

Отливка корпусов мин в постоянную форму – кокиль

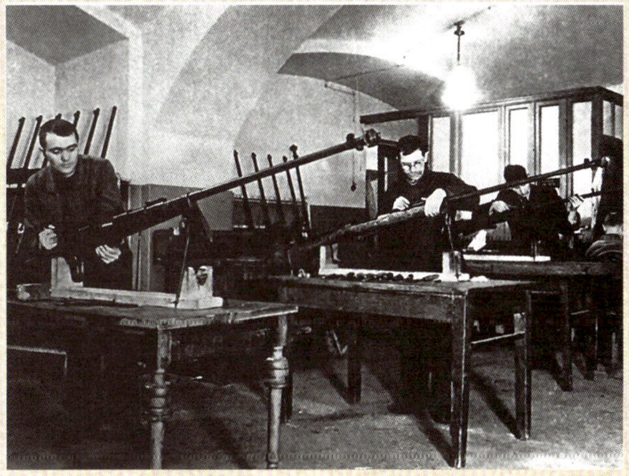

1 2
3 4

↑

铸造火箭炮弹外壳
Отливка корпусов мин

流水作业法机械加工火箭炮弹外壳
Механическая обработка корпусов мин поточным методом

装配火箭炮弹外壳
Сборка корпусов мин

在莫斯科鲍曼高等技术学校装配反坦克枪
Сборка противотанковых ружей в мастерских МВТУ

Amur State University

阿穆尔国立大学

Амурский государственный университет

阿穆尔国立大学教职员工——伟大的卫国战争参战者与后勤人员

Преподаватели и сотрудники Амурского государственного университета – участники Великой Отечественной войны и труженики тыла

杰尼先科・伊万・伊瓦诺维奇
Денисенко Иван Иванович
伟大的卫国战争参战者
Участник Великой Отечественной войны

科西岑・米海尔・斯捷帕诺维奇
Косицын Михаил Степанович
伟大的卫国战争参战者
Участник Великой Отечественной войны

克里沃希扎・瓦西利・费多托维奇
Кривохижа Василий Федотович
伟大的卫国战争参战者
Участник Великой Отечественной войны

拉德金・德米特里・伊瓦诺维奇
Ладыгин Дмитрий Иванович
伟大的卫国战争参战者
Участник Великой Отечественной войны

帕夫连科・格里戈里・费多谢耶维奇
Павленко Григорий Федосеевич
伟大的卫国战争参战者
Участник Великой Отечественной войны

波洛莫什诺夫・米海尔・帕夫洛维奇
Поломошнов Михаил Павлович
伟大的卫国战争参战者
Участник Великой Отечественной войны

斯梅科夫斯基·瓦西利·佩特罗维奇
Смыковский Василий Петрович
伟大的卫国战争参战者
Участник Великой Отечественной войны

索科洛夫·博里斯·费多罗维奇
Соколов Борис Федорович
伟大的卫国战争参战者
Участник Великой Отечественной войны

切尔尼亚耶夫·弗拉季米尔·米海洛维奇
Черняев Владимир Михайлович
伟大的卫国战争参战者
Участник Великой Отечественной войны

亚科夫列夫·亚科夫·季莫费耶维奇
Яковлев Яков Тимофеевич
伟大的卫国战争参战者
Участник Великой Отечественной войны

别洛克雷洛娃・安托尼娜・谢梅诺夫娜
Белокрылова Антонина Семеновна
后勤人员
Труженик тыла

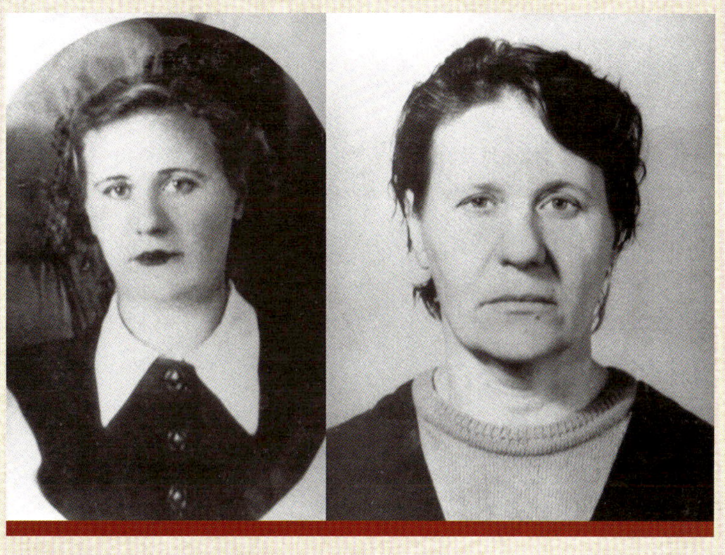

古谢利尼科娃・佩拉格娅・格里戈里耶夫娜
Гусельникова Пелагея Григорьевна
后勤人员
Труженик тыла

伊瓦诺娃・叶卡捷里娜・尼基季奇娜
Иванова Екатерина Никитична
后勤人员
Труженик тыла

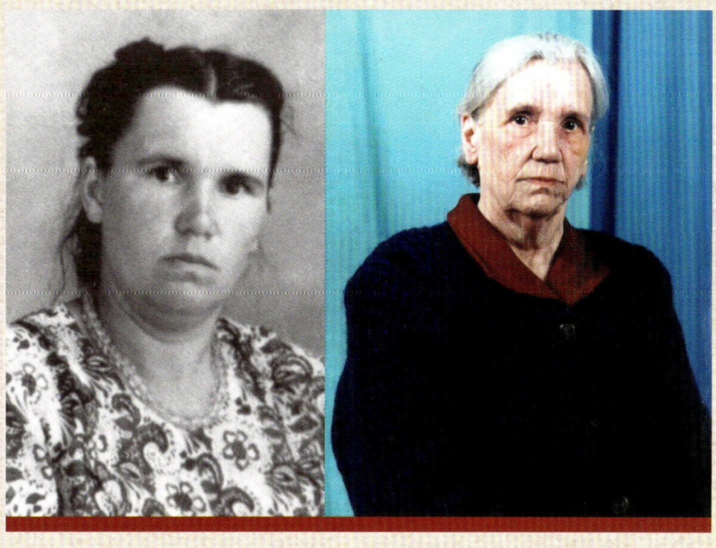

穆斯尼茨卡娅・阿纳斯塔西娅・瓦西利耶夫娜
Мусницкая Анастасия Васильевна
后勤人员
Труженик тыла

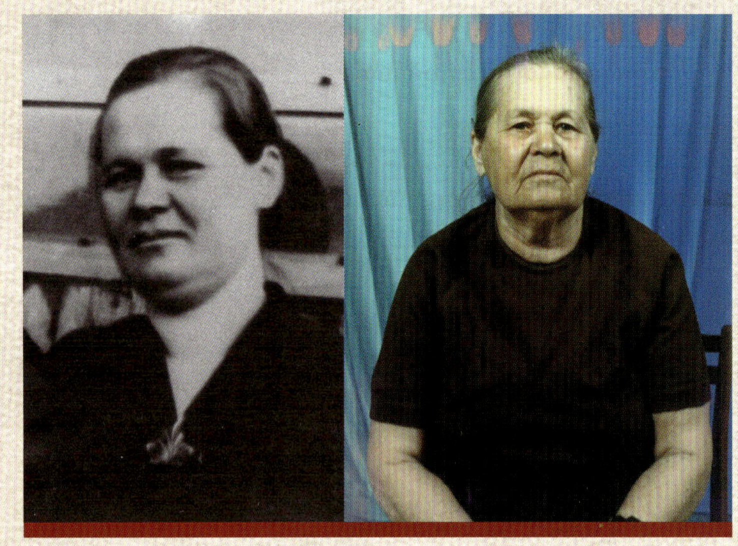

普鲁索娃·瓦尔瓦拉·耶菲莫夫娜
Прусова Варвара Ефимовна
后勤人员
Труженик тыла

斯捷帕纽克·安托尼娜·斯捷帕诺夫娜
Степанюк Антонина Степановна
后勤人员
Труженик тыла

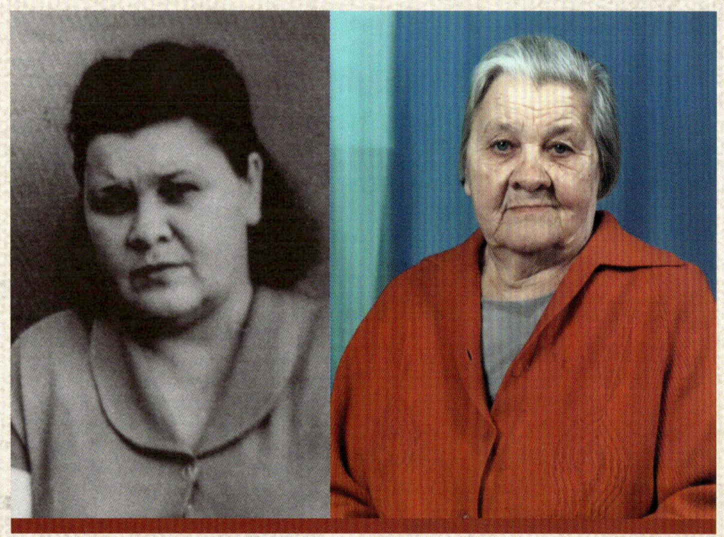

舒什帕诺娃·克拉夫季娅·阿列克桑德罗夫娜
Шушпанова Клавдия Александровна
后勤人员
Труженик тыла

阿穆尔州梯队

从伟大的卫国战争第一天起，远东方面军各部队就开始为战斗做准备。士兵们都渴望着奔赴西线战场。1941 年 4 月和日本签订的双边中立条约随时都有可能被撕毁。直到 1941 年秋才得知，日本决定不立即对苏联开战。于是，远东方面军被紧急调动，奔赴西线战场。

阿穆尔人在诸多战场上表现出了他们勇敢的英雄作风。许许多多阿穆尔士兵的壮举和功绩令人难忘：例如三等荣誉勋章获得者、狙击手 Г. Е. 穆拉亚，他消灭了 159 名士兵；不惜用自己的身体吸引火力、壮烈牺牲的侦察兵英雄 И. 马克西莫夫等等。

在斯大林格勒进行历史性全线反攻的时候，第二零四步兵师参与了作战（随后是第七十八近卫军），该步兵师完全是在阿穆尔州招募组建的。在持续六个月的作战中，他们消灭了将近两万五千名法西斯士兵和军官，缴获超过 300 辆的坦克以及 150 门大炮。伟大的卫国战争时期，在库尔斯克会战中，该步兵师继续书写着他们的光荣事迹。其中，强渡第聂伯河时，位于第一梯队的是远东第六十八师。在这里，该师分队连续四十天坚守军事基地。23 名阿穆尔士兵被授予了“苏联英雄”称号，他们当中有四人壮烈牺牲。

为了表彰战争中所涌现出的英雄精神和勇敢作风，67 名阿穆尔士兵被授予了“苏联英雄”称号，13 名士兵获得了三等荣誉勋章。还有 23 名士兵参加了在莫斯科红场上举行的胜利日阅兵式。

随着关东军的溃败，日本丧失了继续作战的实力。1945 年 9 月 2 日，日本签署无条件投降书，这是第二次世界大战中的最后一个投降书，而为了二战的胜利四万多名阿穆尔将士贡献出了自己的生命。

Эшелоны Амурской области

С первого дня Великой Отечественной войны все части и соединения Дальневосточного военного фронта были приведены в боевую готовность. Все рвались на западный фронт. Подписанный в апреле 1941 года договор с Японией о нейтралитете мог быть разорван в любой момент. Только осенью 1941-го стало известно, что Япония не решится начать немедленную войну с СССР. И тогда дальневосточные дивизии были экстренно переброшены на западный фронт.

Амурцы проявили героизм во многих битвах. Незабываемы подвиги многих и многих из них: кавалера орденов Славы трех степеней снайпера Г. Е. Мурая, уничтожившего 159 фашистов; вызвавшего огонь на себя и погибшего смертью героя разведчика И. Максимова и многих других.

В историческом контрнаступлении под Сталинградом, положившем начало коренному перелому в ходе войны, принимала участие 204-я стрелковая дивизия (впоследствии 78-я гвардейская), сформированная полностью в Амурской области. В шестимесячных непрерывных боях она уничтожила около 25 тысяч фашистских солдат и офицеров, свыше 300 танков и 150 орудий. Славный путь дивизии был продолжен в грандиозной битве на Орловско-Курской дуге. Одна из тех, кто находился в первых эшелонах войск при форсировании Днепра, была 68-я Дальневосточная дивизия. Здесь ее подразделения сорок дней удерживали захваченный плацдарм. 23 воина стали Героями Советского Союза, четверо из них — посмертно.

За героизм и мужество, проявленные в боях, 67 амурцам было присвоено звание Героя Советского Союза, а тринадцать стали кавалерами орденов Славы трех степеней. 23 воина участвовали в легендарном Параде Победы на Красной площади в Москве.

С разгромом Квантунской армии Япония лишилась реальных сил для продолжения войны и 2 сентября 1945 года подписала акт о безоговорочной капитуляции, последний акт Второй мировой войны, за победу в которой отдали жизни свыше 40 тысяч воинов-амурцев.

阿穆尔州梯队

Эшелоны Амурской области

БОЙЦЫ ВСЕОБУЧА ВЫПОЛНЯЮТ ПРИКАЗ ТОВАРИЩА СТАЛИНА

БОЕВОЙ АКТИВ

ВЫШЕ ЗНАМЯ СОЦИАЛИСТИЧЕСКОГО СОРЕВНОВАНИЯ!

Бои на Харьковском направлении

Всесоюзное социалистическое соревнование

Подготовим луга к сенокосу!

ПРАВДА

Темпами военного времени

РЕВОЛЮЦИОННАЯ БДИТЕЛЬНОСТЬ — УСЛОВИЕ ПОБЕДЫ

Готовь комбайны!

Всесоюзное социалистическое соревнование

Посевам всех культур — образцовый уход

ВТОРАЯ ПРОПОЛКА

С 5 ЧАСОВ УТРА

ПО НАШЕЙ ОБЛАСТИ

ЯНКА КУПАЛА

Бои в Египте

Решающие дни соревнования на полях

Колоски

《阿穆尔真理报》1942 年 5 月至 9 月报道

Амурская правда 1942 май сентябрь

АМУРСКАЯ ПРАВДА

От Советского Информбюро

《阿穆尔真理报》1943 年报道

Газета Амурская правда 1943

Far Eastern Federal University

远东联邦大学

远东联邦大学（远东工学院）是位于从贝加尔湖至太平洋这一广袤土地上的第一所正规大学。其历史可以追溯到 1899 年 10 月 21 日，即东方学院在符拉迪沃斯托克（海参崴）开设之日。

远东联邦大学现有 9 个学院，115 个教研室，3 300 多名教师，近 53 000 名学生。

在伟大的卫国战争时期，远东工业学院在符拉迪沃斯托克（海参崴）始终致力于为国内工业领域培养高素质人才。

Дальневосточный федеральный университет

ДВФУ — первый классический университет на огромной территории от Байкала до Тихого океана. Его история началась 21 октября 1899 г., когда во Владивостоке открылся Восточный институт.

Сегодня ДВФУ – это девять Школ, 115 кафедр, профессорско-преподавательский состав из более 3 300 человек, порядка 53 тысяч студентов.

В годы Великой отечественной войны во Владивостоке продолжал работать и готовить высококвалифицированные кадры для отечественной промышленности Дальневосточный политехнический институт (ДВПИ).

巴巴林·亚历山大·安德烈耶维奇（出生于 1927 年）
退役上校，在苏联军队服役 32 年。他自 1968 年起在远东国立工业学院的军事教研室工作。
勋章和奖章：
伟大的卫国战争二级勋章，“战胜德国”“战胜日本”“战斗功勋”和“朱可夫”奖章。

Бабанин Александр Андреевич (1927 г.р.)
полковник в отставке, 32 года прослужил в Советской армии. С 1968 года он работал на военной кафедре Дальневосточного политехнического института.
Награды и медали:
Орден Отечественной войны 2 степени; Медали «За Победу над Германией», «За Победу над Японией», «За боевые заслуги», «Медаль Жукова».

加里宁・尼尔・亚历山大罗维奇（出生于 1923 年）1941 年中学毕业，六月末被征召入伍。战争结束后，他考入远东国立工业学院建筑系，后留校任教，培养年轻的建筑工程师。

勋章和奖章：

伟大的卫国战争一级勋章、红星勋章、"勇敢奖章"、"华沙解放"、"攻陷柏林"奖章和"1941~1945 伟大的卫国战争战胜德国"奖章。

Калинин Нил Александрович (1923г.р.) в 1941 году окончил школу и в конце июня был призван в армию. После войны он вернулся во Владивосток, поступил учиться на строительный факультет. Затем защитил диссертацию, остался готовить молодых инженеров-строителей.

Ордена и награды:

Орден Отечественной войны 1 степени; «Красной Звезды». Медали «За отвагу», «За освобождение Варшавы», «За взятие Берлина», «За победу над Германией в Великой Отечественной Войне 1941-1945».

迈斯捷尔・弗拉基米尔・列昂季耶维奇（出生于 1923 年）

1941 年考入列宁格勒海军工程高等学校。毕业后，在远东 M-46 潜艇工作。

勋章和奖章：

伟大的卫国战争二级勋章、红星勋章、"朱可夫"奖章、"战胜日本"奖章。

Майстер Владимир Леонтьевич (1923г.р.) в 1941 поступил в Ленинградское высшее военно-морское инженерное училище. Защитив диплом и получив звание лейтенанта, он распределился на Дальний Восток на подводную лодку М-46.

Награды и медали:

Орден Отечественной войны 2 степени; Орден Красной Звезды, Медаль Жукова, Медаль «За победу над Японией».

斯塔罗瓦伊托夫・尼古拉・加夫里洛维奇（出生于 1923 年）

1941 年考入哈巴罗夫斯克航空射击通信学校。毕业后，他被派往 782 歼击机兵团。1953 年斯塔罗沃托夫以全优成绩毕业，顺利通过论文答辩并获邀留在本校电工系工作，担任供电教研室主任。

勋章和奖章：

伟大的卫国战争二级勋章、"战胜日本"奖章、"朱可夫"奖章。

Старовойтов Николай Гаврилович (1923 г.р.) в июне 1941 года он поступил в Хабаровскую школу воздушных стрелков-радистов. После его окончания был направлен для прохождения дальнейшей службы в распоряжение 782 бомбардировочного авиаполка. В 1953 году, окончив университет с отличием, был приглашен на преподавательскую работу на электротехническом факультете при университете, успешно защитил диссертацию, возглавил кафедру электроснабжения.

Награды и медали:

Орден Отечественной Войны 2 степени; Медаль «За Победу над Японией»; «Медаль Жукова».

M.M. 佩尼娅杰娃老师讲授实验课。
Преподаватель Пензева М.М. проводит лабораторные занятия.

建筑系主任诺维科夫，1944 年。
Декан строительного факультета Новиков А., 1944г.

远东工业学院的第一座建筑。
Первое здание ДВПИ.

1	2
3	4

↑

符拉迪沃斯托克（海参崴）师范学院楼体竣工。
Здание Владивостокского пединститута построено.

20 世纪 40 年代在远东工业学院前集合准备游行。
Сбор на демонстрацию у здания ДВПИ 40-е гг 20-ого века.

从军队转业的远东国立大学学生在游行。
Студенты ДВГУ, дембелизованные из армии на демонстрации.

1936 年的远东工业学院冰球队。
Хокейная команда ДВПИ 1936.

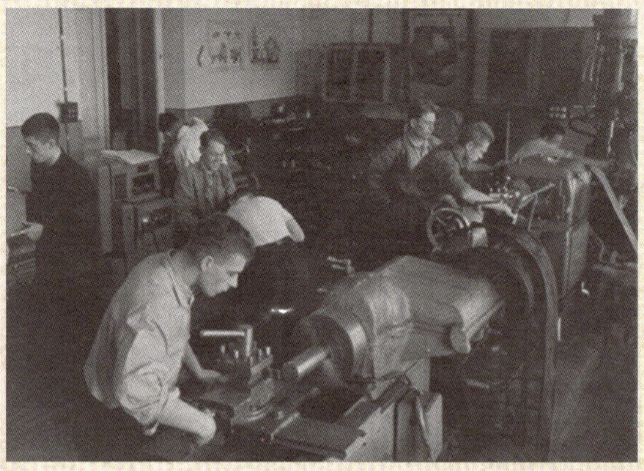

远东工业学院管乐队
Духовой оркестр ДВПИ
远东工业学院机床实验室
В лаборатории станков ДВПИ
伟大的卫国战争时期远东工业学院的毕业答辩。
Защита дипломов ДВПИ в годы Великой Отечественной войны.
1945 年胜利日在符拉迪沃斯托克（海参崴）的炮兵纵队。
Колонна артиллерии на лице Владивостока в День победы 1945 г.

遮盖下的工厂船台，1945 年。
Стапели на заводе под укрытием,1945г.

太平洋舰队“Щ”型潜水艇装配
Сборка подводной лодки типа Щ для Тихоокеанского флота

伟大的卫国战争中牺牲的师生纪念碑
Памятник погибших в Великой Отчественной войне студентам и преподавателям университета

Kalashnikov Izhevsk State Technical University

伊热夫斯克国立技术大学

以卡拉什尼科夫命名的伊热夫斯克国立技术大学（伊热夫斯克机械学院）建于 1952 年，这一年距离二战结束已有 7 年，然而它的建立与第二次世界大战有着密切关系。

德国进攻苏联以后，在 1941 年的前几个月里，49 个工业企业撤离转移至伊热夫斯克。伊热夫斯克的工厂每天工作 12 个小时，为前线供应武器。在战争年代里，这座后勤城市也无宁日，她饱受着枪林弹雨，城郊地区被飞机和炮弹狂轰滥炸。

1941 年 11 月，莫斯科鲍曼高等技术学校也迁至伊热夫斯克，包括 1 100 名学生和 158 名教职员工，学生们晚上学习，白天和老师一起在军工厂工作。

当时在伊热夫斯克聚集了一批杰出的科学家，其中包括：尼基金院士（电工学专家）、丘达科夫（强度和磨损度问题专家）、斯大林奖获得者库科列夫斯基、鲁布佐夫、萨维林等等。在 1943 年 4 月之前，莫斯科鲍曼高等技术学校不仅仅是一所高校，更是伊热夫斯克工厂的智囊团。正是伊热夫斯克鲍曼技术学校的毕业生为苏联和俄罗斯的科学进步增光添彩。克鲁普尼科夫（苏联原子弹计划的创立者之一，材料动态特征研究的先驱）、斯捷奇金（著名手枪的设计者）、涅波别季莫（莫斯科鲍曼高等技术学校教授，博士，苏联科学院通信院士，“孩子”号、“熊蜂”号、“冲锋”号和“射击”号等航天器设计者）。

战争结束以后，伊热夫斯克成为最大的机械制造和枪械武器制造中心。伊热夫斯克机械学院就成了为乌拉尔地区培养工程人才的智库。

在这里，有 80 多名员工参加过战争，他们上至校长、系主任，下到司机、实验员，都可以组成一支连队。学校里还有一支“学生连”，曾经的指挥官、飞行员、电报员、坦克手和侦察兵成为伊热夫斯克机械学院 20 世纪 50 到 60 年代的第一批毕业生。

2012 年，伊热夫斯克机械学院更名为以卡拉什尼科夫命名的伊热夫斯克国立技术大学。

Ижевский государственный технический университет имени М.Т.Калашникова

Ижевский механический институт (Ижевский государственный технический университет им. М.Т.Калашникова) был организован в 1952 г. спустя семь лет после окончания Второй мировой войны. Однако, его рождение неразрывно связано с военной судьбой страны и Победой.

После нападения Германии на СССР, в первые месяцы 1941 г. в Ижевск были эвакуированы 49 промышленных предприятий. Заводы Ижевска работали по 12 часов в сутки, снабжая фронт оружием. В течение всей войны, не стихала в тыловом городе артиллерийская и оружейная канонада: на окраинах пристреливались пулеметы и авиационные пушки.

В ноябре 1941 г. в Ижевск были эвакуировано Московское высшее техническое училище им. Баумана (МВТУ) - 1100 студентов и 158 преподавателей и сотрудников. Студенты учились по вечерам, а днем вместе с преподавателями работали на оборонных заводах.

В Ижевске собрались блестящие научные силы: академики В.П. Никитин - специалист по электротехнике и Е.А. Чудаков - знаток проблем прочности и износа, лауреаты Сталинской премии профессора И.И. Куколевский, Н.Н. Рубцов, М.А. Саверин и другие. До апреля 1943 г. МВТУ было не только вузом, но и мозговым штабом ижевских заводов. Имена выпускников «ижевской Бауманки» - цвет советской и российской науки: К. К. Крупников - один из создателей проекта советской атомной бомбы, пионер-исследователь динамических свойств материалов, И. Я. Стечкин - автор знаменитого пистолета; С. П. Непобедимый - профессор МВТУ, доктор, членкор АН СССР (ракетные комплексы «Малютка», «Шмель», «Атака», «Стрела» и т. д.)

После войны Ижевск превратился в один из крупнейших центров машиностроения и стрелкового вооружения, который нуждался в квалифицированных инженерах. Кузницей инженерных кадров для всего Урала и Предуралья и стал Ижевский механический институт.

В штате молодого института - от шоферов и лаборантов до деканов и ректора, - была целая «рота» фронтовиков, около 80 участников войны. Еще одна «рота» ИМИ – это студенты-фронтовики, вчерашние командиры орудий, летчики и телеграфисты, танкисты и разведчики, ставшие первыми выпускниками « Ижевского механического института в 1950-60-х гг.

В 2012 году Ижевскому государственному техническому университету присвоено имя М.Т.Калашникова.

70 ЛЕТ
ВЕЛИКОЙ ПОБЕДЫ

卡拉什尼科夫·米哈伊尔·季莫费耶维奇（1919—2013）
伟大的卫国战争的老战士、中将、俄罗斯联邦英雄，AK-47 的研发者。这位世界闻名的苏联和俄罗斯枪械设计师共获得了 16 枚勋章、19 枚奖章、国家政府奖和“荣誉军人”称号。卡拉什尼科夫是伊热夫斯克国立技术大学的荣誉教授、技术学博士，他在 1990 年到 2000 年这段时间内是枪械武器教研室的监督督学委员会主席。2012 年伊热夫斯克国立技术大学以卡拉什尼科夫的名字命名。

Калашников Михаил Тимофеевич (1919–2013 гг.)
Ветеран Великой Отечественной войны, генерал-лейтенант, Герой Российской Федерации, создатель автомата АК-47, всемирно известный советский и российский конструктор стрелкового оружия награжден 16 орденами и 19 медалями, государственными премиями страны, почетными званиями и грамотами. Почетный профессор ИжГТУ, доктор технических наук М.Т. Калашников на рубеже 1990- 2000 гг. являлся председателем попечительского совета кафедры «Стрелковое оружие». В 2012 году Ижевскому государственному техническому университету присвоено имя М.Т. Калашникова.

卡尔普宁・瓦西里・亚历山大洛维奇（1919—1975）
1941 年 9 月以志愿兵身份入伍。卡尔普宁被授予“红星奖章”和“伟大的卫国战争战胜德国奖”奖章。1955 年 10 月被派往伊热夫斯克机械学院任机械设计教研室高级讲师。在学校担任领导期间，他开创了伊热夫斯克机械学院的火箭专业，是学校主管教学科研的副校长。1972~1975 年任伊热夫斯克机械学院校长。

Карпунин Василий Александрович (1919–1975 гг.)
В сентябре 1941 г. ушел добровольцем на фронт. Награжден орденом Красной Звезды и медалью «За победу над Германией в Великой Отечественной войне 1941-1945 гг.».В октябре 1955 г. направлен в ИМИ на должность старшего преподавателя кафедры «Проектирование машин и механизмов». В период руководства институтом заложил основы развития в ИМИ ракетной специальности. Проректор по учебной и научной работе ИМИ. Ректор ИМИ в 1972–1975 гг.

萨乌希金・鲍里斯・弗拉基米洛维奇（1925—2005）

1942 年考入疏散至伊热夫斯克的莫斯科鲍曼高等技术大学，然而只读了第一个学期并通过了考试，然后就以志愿兵的身份入伍。被授予“英勇无畏奖”“战争贡献奖”“伟大的卫国战争二等功”奖章。战争期间受了严重震伤。战争结束后，他在伊热夫斯克机械学院任教。他是学校最重要的系之一——机械制造系的奠基人之一。

Саушкин Борис Владимирович (1925–2005 гг.)

В 1942 г. Поступил в артиллерийский факультет эвакуированного в Ижевск МВТУ им. Баумана. Успел сдать зачеты и экзамены только за первый семестр, ушел добровольцем на фронт. Награжден медалями «За отвагу», «За боевые заслуги», орденом «Отечественной войны II степени». Получил тяжелую контузию. После войны он работал в Механическом институте, и стался одним из основателей ведущего - машиностроительного факультета ИМИ.

舒米洛夫·瓦连京·阿法纳斯耶维奇（1923—2003）

1941 年 8 月加入苏联红军并被派往步兵军校学习。舒米洛夫被授予“莫斯科保卫奖”“战争杰出贡献奖”“伟大的卫国战争战胜德国奖”“伟大的卫国战争英勇无畏奖”。1955 年他开始在伊热夫斯克机械学院工作，曾任伊热夫斯克国立技术大学校长助理。他是乌德穆尔特共和国建筑教育的奠基人。

Шумилов Валентин Афанасьевич (1923–2003 гг.)

В августе 1941 г. призван в Красную Армию и направлен в пехотное училище.Награжден медалями «За оборону Москвы», «За боевые заслуги», «За победу над Германией в Великой Отечественной войне 1941-1945 гг.», «За доблестный труд в Великой Отечественной войне 1941 - 1945 г.г.». С 1955 он начал работать в ИМИ, и был помощником ректора ИжГТУ. Он-основатель строительного образования в Удмуртии.

Артиллерия — это бог войны.
И. СТАЛИН.

Мл. сержанту Суслову Герману Ивановичу.

Приказом Верховного Главнокомандующего Маршала Советского Союза товарища СТАЛИНА от 26 апреля 1945 года № 345 за овладение в результате умелого обходного маневра и атаки с фронта крупным промышленным центром Чехословакии городом БРНО (БРЮН) — важным узлом дорог и мощным опорным пунктом обороны немцев, всему личному составу нашей части, в том числе и Вам, КИРОВОГРАДЦУ, принимавшему участие в боях, ОБЪЯВЛЕНА БЛАГОДАРНОСТЬ.

Командир части (ПОПОВИЧ).

苏斯洛夫·格尔曼·伊万诺维奇（生于 1924 年）

1941 年考入迁至伊热夫斯克的莫斯科鲍曼高等技术学校火炮弹药制造专业，后来应征入伍。苏斯洛夫被授予过两枚红星勋章和“伟大的卫国战争一等功”“战争贡献奖”“斯大林格勒保卫战奖”“布达佩斯争夺战奖”奖章和最高统帅感谢奖。从 1955 年起开始在伊热夫斯克机械学院工作，是伊热夫斯克机械学院——伊热夫斯克国立技术大学电工技术专业的奠基人之一，也是电工技术教研室的主任。

Суслов Герман Иванович (1924 г.)

В 1941 году поступил на артиллерийский факультет МВТУ им. Баумана, эвакуированного в Ижевск, но был призван в армию. Награжден двумя орденами Красной звезды, Орденом «Отечественной войны 1 степени», медалями «За боевые заслуги», «За оборону Сталинграда», «За взятие Будапешта», благодарностями Верховного Главнокомандующего. Работал в ИМИ с 1955 года, был одним из основателей и завкафедрой «Электротехника» ИМИ-ИжГТУ.

弗莱舍·以撒·阿勃拉莫维奇（生于 1921 年）

1939 年应征入伍。他被授予 30 多枚勋章和奖章，战争时期的奖章包括“伟大的卫国战争二等功”、两枚红星勋章、“斯塔林格勒保卫奖”奖章。在和平时期，他获得了“苏联教育奖”“俄罗斯苏维埃联邦社会主义共和国人民教育奖”“乌德穆尔特共和国人民教师”称号。1959~1978 年，担任伊热夫斯克机械学院军事教研室老师，电子数字计算机学科领导人。

Флейшер Исаак Абрамович (1921 г.)

Был призван в армию в 1939 году. Награжден 30 орденами и медалями, среди его боевых наград - Орден Отечественной войны II степени, два ордена Красной Звезды, медаль «За оборону Сталинграда». В мирные годы – «Отличник просвещения СССР», «Отличник народного образования РСФСР», «Народный учитель Удмуртской республики». В 1959-1978 гг.- преподаватель военной кафедры ИМИ, начальник цикла «Электронные цифровые вычислительные машины».

阿法纳西耶夫·叶甫盖尼·马尔科维奇（生于 1923 年）
曾在白俄罗斯和乌克兰战场上作战，解放了布拉格。阿法纳西耶夫被授予红星奖章、“伟大的卫国战争二等功”勋章及“战争贡献奖”“20 年出色服役奖”奖章。还获得“格伦沃尔德盾牌”勋章和“杰出银十字”奖章、“战争贡献奖”“胜利自由奖”“抢渡奥得河奖”“连续 5 年在祖国贡献奖”等一些波兰勋章奖章，以及一枚名为“最佳勇气奖”的捷克奖章。从 1963 年开始，他在伊热夫斯克机械学院工作了 17 年，是学校仪器仪表制造系的奠基人。

Афанасьев Евгений Маркович (1923 г.)
Воевал на Белорусском и Украинском фронтах, освобождал Прагу.Награжден орденом Красной Звезды, орденом «Отечественной войны II степени», медалями: «За боевые заслуги», «20 лет безупречной службы»; польскими орденом «Щит Грунвальда» и медалями: «Серебряный крест заслуги», «Заслужена на поле битвы» - за бои под Берлином, «Победа и свобода», «За форсирование Одра», «За 5 лет службе родине» и чешской медалью «За храбрость». С 1963 г. пришел на военную кафедру Ижевского механического института. Проработал в вузе 17 лет, один из основателей Приборостроительного факультета.

伊热夫斯克机械学院学生——前线的战士（从上至下依次为）：鲍里索夫、图科马切夫、尤格林、沃耶沃金和巴布什金。
Студенты ИМИ-фронтовики (сверху вниз): И.Ф. Борисов; Ф.И.Тукмачев, Э.В. Югрин, Ю.В. Воеводин, М.А. Бабушкин.

伊热夫斯克胜利日当天高尔基大街上的景象，拍摄于 1945 年 5 月 9 日；伊热夫斯克机械学院的第一批毕业生在学校的第一座教学楼前合影，高尔基大街 79 号，1952 年；伊热夫斯克机械学院一年级学生久津，1952 年；伊热夫斯克机械学院的爵士乐队，手拿小提琴的是久津；伊热夫斯克机械学院四年级学生沃斯特里科娃。

Ижевск, улица Максима Горького, День Победы, 9 мая 1945 года; первые студенты ИМИ у первого здания вуза, улица М. Горького, 79, 1952 г.; В.Н. Зюзин, студент 1 курса ИМИ, 1952 г.; джаз ИМИ: со скрипкой – студент В. Н. Зюзин; С.Г. Вострикова, студентка 4-го курса ИМИ.

沃罗比约夫教授在伊热夫斯克机械学院的第一堂课，1952 年 9 月 1 日；伊热夫斯克机械学院的第一批教职员工，1952 年（第一排右四为沃罗比约夫）；沃罗比约夫和同事、学生在一起（第一排左二），1957 年；沃罗比约夫和学生（中间）；第一批毕业生的论文答辩。

Профессор Н. В. Воробьев читает первую лекцию в истории ИМИ, 1 сентября, 1952 г.; первые преподаватели и сотрудники ИМИ 2 сентября, 1952 года (Н. В. Воробьев четвертый справа в первом ряду); с коллегами и студентами (второй слева в первом ряду), 1957 г.; Н.В. Воробьев с учениками (в центре); на защите дипломов первых выпускников.

战争时期伊热夫斯克工厂车间景象，1942~1943 年；莫辛步枪（三俄分口径的步枪）；战斗中的“马克西姆”重机枪，克里米亚，刻赤半岛，1944 年。

В цехах ижевских заводов во время войны, 1942-1943 гг.; винтовка Мосина (трехлинейка); пулемет «Максим» в бою, Крым, Керченский полуостров, 1944 г.

欢送乌德穆尔特共青团第 174 独立歼击反坦克炮兵营上前线的场景，1942 年 9 月 22 日，伊热夫斯克；炮兵团士兵，横渡维斯瓦河；伊热夫斯克机械学院学生罗加里奥夫；杰列加耶夫；乌德穆尔特共青团第 174 独立歼击反坦克炮兵营纪念碑。

Проводы на фронт, 174-й отдельный истребительный противотанковый артиллерийский дивизион имени Комсомола Удмуртии, 22 сентября 1942 г. Ижевск; бойцы артдивизиона, переправа через р. Вислу; студент ИМИ Б.А. Рогалев; студент ИМИ П.Ф. Дерендяев; современный памятник 174-ому ОИПТД им. Комсомола Удмуртии в Ижевске.

Moscow Aviation Institute

莫斯科航空学院

1941 年 10 月，莫斯科航空学院疏散至阿拉木图（现哈萨克斯坦共和国），11 月就恢复了教学。在阿拉木图，莫斯科航空学院培养出了 600 多名工程师。1942 年 2 月德军在莫斯科近郊被击溃后，学院恢复了其在莫斯科的教学工作，这时，在阿拉木图的教学工作也在同步进行。战争年代莫斯科航空学院总共为苏联的航空工业培养了 2 000 多名工程师。

学院不仅进行学生培养工作，同时也为作战部队生产产品——炮弹弹壳、燃烧弹 弹壳及地雷稳定装置，进行拆解被击落德机的工作，正因如此，飞机制造厂获得了宝贵的原料供给。

尽管战时条件艰苦，学院还是为航空技术的发展开辟了新的道路：在教授 K.A. 普季洛夫的指导下，开始了对喷气技术领域的初步研究，对首批直升机之一的“奥米加”（设计师 И.П. 布拉图欣）进行了研究和飞行测试，成立了最初的大学生科研小组。

1943 年，著名的自动步枪设计师 M.T. 卡拉什尼科夫在莫斯科航空学院的实验室中致力于突击步枪 AK-47 的研究工作。这些工作在这一传奇性武器的制造中有着举足轻重的作用。

莫斯科航空学院开始了对新兴技术领域的专业人才培养工作：喷气式飞机、发动机、雷达学等领域。

战争年代莫斯科航空学院附属学校培养了狙击手、机枪手、迫击炮手、坦克驾驶员等。这些学校的毕业生都被派往了前线。106 名职工和大学生牺牲在战争前线。许多莫斯科航空学院的职工和学生被授予了勋章和奖章，有 11 人被授予了“苏联英雄”称号。

Московский авиационный институт

В октябре 1941 года МАИ был эвакуирован в Алма-Ату (в настоящее время республика Казахстан) и уже в ноябре там возобновились учебные занятия. В Алма-Ате МАИ выпустил более 600 инженеров. После разгрома немецких войск под Москвой в феврале 1942 года институт возобновил свою работу в Москве, при этом параллельно продолжалась работа в Алма-Ате. Всего за годы войны в МАИ было подготовлено свыше 2000 инженеров для авиационной промышленности СССР.

В институте происходило не только обучение студентов, но и было налажено производство изделий для действующей армии – корпусов артиллерийских снарядов, корпусов зажигательных бомб и стабилизаторов мин. Был организован демонтаж сбитых немецких самолетов, благодаря этому авиазаводы снабжались ценным сырьем.

Несмотря на тяжелые военные условия в МАИ развивались новые пути развития авиационной техники. Под руководством проф. К.А. Путилова начались первые работы в области реактивной техники. Произведены доводка и летные испытания одного из первых вертолетов «Омега» (конструктор И.П. Братухин). Формируются первые студенческие научно-исследовательские кружки.

Знаменитый конструктор автоматов М.Т. Калашников в 1943 году работал в лабораториях МАИ над своим автоматом АК-47. Эти работы сыграли важную роль в создании этого легендарного оружия.

Началась подготовка к созданию специальностей по новым отраслям техники: реактивным самолетам и двигателям, радиолокации и другим.

В годы войны при МАИ работали школы по подготовке снайперов, пулеметчиков, минометчиков, истребителей танков. Выпускники этих школ направлялись на фронт. 106 сотрудников и студентов погибли на фронтах войны. Многие маевцы были награждены орденами и медалями. 11 сотрудникам и выпускникам МАИ были присвоены звания Героев Советского Союза.

集会上的参战老兵日托米尔斯基教授
Ветеран войны профессор Житомирский на митинге

参战老兵日托米尔斯基教授
Ветеран войны профессор Житомирский

战争时期的日托米尔斯基教授
Профессор Житомирский в годы войны

参战老兵向英雄纪念碑献花

Ветераны войны возлагают цветы к памятнику героям войны

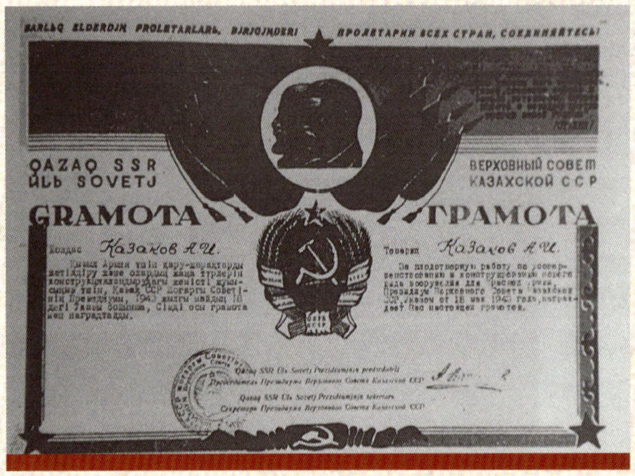

为表彰莫斯科航空学院职工卡扎科夫在武器研发方面的功绩所颁发的奖状。

Грамота сотрудника МАИ Казакова за разработку вооружений.

战争期间莫斯科航空学院师生的武器研究

Разработки вооружений студентами и сотрудниками МАИ в годы войны

胜利日六十周年之际在莫斯科航空学院举行的隆重集会
Торжественный митинг в МАИ на 60-летие Победы

参战的莫斯科航空学院职工
Участники войны-сотрудники МАИ

莫斯科航空学院博物馆的“战争胜利”展品
Экспозиция музея МАИ «посвященная Победе»

МАДИ Moscow State Automobile & Road Technical University

莫斯科国立汽车公路技术大学（简称“玛季”）

在 1941 年 11 月，玛季学院从莫斯科被疏散至乌兹别克斯坦，1942 年夏天，接收了一年级的新生。1943 年夏天，迁回莫斯科。在五年的战争时间里，从玛季毕业了 773 名学生。

在玛季的教职员工里，有不少卫国战争的老战士。他们有的是无线电报务员，有的是战地翻译，等等。他们参加过诸如“斯大林格勒保卫战”等许多战役，获得了各种奖励、奖章和奖牌。

Московский автомобильно-дорожный государственный технический университет (МАДИ)

В ноябре 1941 года Институт «МАДИ» из Москвы был эвакуирован в Узбекистан Летом 1942 года был проведен прием студентов на первый курс. Летом 1943 года вернулись в Москву. Всего за пять военных лет МАДИ закончили 773 специалиста.

Среди сотрудников МАДИ были много ветеранов Великой отчественной Войны. Участвовали в боях в качестве радистки армейской радиостанции, военного переводчика и т.д.

米诺芙娜・亚历山大里奇・塔玛拉（生于 1924 年 9 月 26 日）
1941 年 7 月 8 日，自愿加入红军队伍。战斗生涯开始于克里米亚。在 1942 年 6 月，被派往斯大林格勒市。

Миновна Александриди Тамара （26 сентября 1924 г.）
8 июля 1941 г. вступила добровольно в ряды Красной Армии .Боевой путь начался в Крыму. В июне 1942 г. направлена в г. Сталинград.

Приказом Верховного Главнокомандующего Маршала Советского Союза товарища Сталина от 2 мая 1945 г. № 359 за овладение столицей Германии г. Берлин всему личному составу нашего соединения, в том числе и Вам, принимавшему участие в боях, ОБ'ЯВЛЕНА БЛАГОДАРНОСТЬ.

КОМАНДИР ЧАСТИ

米诺芙娜·亚历山大里奇·塔玛拉作为军方无线电台的无线电报务员参加了战斗。
Миновна Александриди Тамара участвовала в боях в качестве радистки армейской радиостанции.

1945 年 5 月，作为朱可夫元帅率领的白俄罗斯第一方面军的一员，米诺芙娜·亚历山大里奇·塔玛拉在柏林结束了自己的战斗生涯。
Военные боевые действия Миновна Александриди Тамара закончила в городе Берлин в мае 1945 г. в составе 1-го Белорусского Фронта под командованием маршала Жукова Г.К.

战争结束后，米诺芙娜·亚历山大里奇·塔玛拉从学院毕业，在苏联科学院工作，研制苏联最早的计算机。
荣誉：“战斗功勋”勋章，1943 年 2 月，斯大林格勒市“卫国战争”二级勋章；1944 年 8 月，乌克兰“保卫斯大林格勒”勋章；1943 年 2 月，斯大林格勒市“解放华沙”勋章；1945 年 3 月“攻占柏林”勋章；1945 年 5 月，“伟大的卫国战争胜利”勋章；1945 年“卫国战争”二级勋章；1985 年 3 月，勋章和荣誉徽章－20 次国家奖励；2002 年 2 月，“俄罗斯联邦高等学校的功勋工作者”。

После окончания войны Миновна Александриди Тамара окончила институт и работала в Академии наук СССР по созданию первых ЭВМ в Советском Союзе.
НАГРАЖДЕНА: Медаль «За боевые заслуги» февр. 1943 г., гор.Сталинград Орден «Отечественная война» II степени авг. 1944г. Украина Медаль «За оборону Сталинграда» февр. 1943 г. гор.Сталинград.Медаль «За освобождение Варшавы» март. 1945 г. Медаль «За взятие Берлина» май 1945 г. Медаль «За Победу в Великой Отечественной войне». 1945 г. Орден «Отечественная война» II степени март 1985 г. Медали и почетные знаки - порядка 20 шт.Государственная награда: «Заслуженный работник Высшей школы Российской Федерации» февр. 2002 г.

目前米诺芙娜·亚历山大里奇·塔玛拉为莫斯科国立汽车和公路技术大学教授。
В настоящее время Миновна Александриди Тамара - профессор Московского автомобильно-дорожного государственного технического университета.

里亚博夫·尤里·亚历山大洛维奇

高等数学教研室的教授。自 1944 年夏天到战争结束——第二无线电工作队翻译（少尉）。从 1945 年夏天到 1946 年 10 月为驻德国的苏联军事管理局的军事翻译。作为卫国战争的参与者，获得“卫国战争”勋章等多枚荣誉奖牌。

Рябов Юрий Александрович – профессор кафедры «Высшая математика». С лета 1944 года и до конца войны - переводчик (младший лейтенант) 2-ой Радиобригады. С лета 1945 года и до октября 1946 года - военный переводчик Советской Военной Администрации Германии. Награжден : Орденом «Отечественной войны» и рядом почетных медалей, как участник Отечественной войны.

石托利·尤里·莱昂尼多维奇

汽车道路机械制造与修理教研室教授。从 1940 年到 1945 年，他任职于苏军装甲部队。参加过斯大林格勒保卫战。获得许多奖励、勋章和奖牌，其中包括“斯大林格勒保卫战”勋章，“勇气”勋章以及伟大的卫国战争二级勋章。

Штоль Юрий Леонидович – профессор кафедры ПРАДМ. С 1940 г. по 1945 г. служил в Советской армии бронетанковых войсках. Участвовал в обороне Сталинграда. Имеет множество наград, орденов и медалей в том числе Медаль «За оборону Сталинграда» , Медаль «За отвагу» и Ордер ВОВ 2 степени.

普洛斯威林·彼得·伊万诺维奇

从 1943 年至 1945 年在苏联红军步枪排担任排长。

19 岁时，他曾带领自己的步兵排进行白刃战。

荣获：卫国战争一级勋章、“英勇战斗”勋章以及 14 枚奖章。

Просвирин Пётр Иванович

С 1943 г. по 1945 г. служил в Советской армии командиром стрелкового взвода.

В возрасте 19 лет ему пришлось вести в штыковую атаку свой стрелковый взвод.

Награждён: орденом Отечественной войны 1-й степени , медалью «За боевые заслуги» и ещё 14 медалями.

在1941年5月，大批本科四、五年级的学生被派往边境地带进行生产实践，参与机场建设工作。玛季的学生建造了奥廖尔、姆岑斯克、叶列茨等其他城市的飞机场。

В мае 1941 года большое количество студентов 4–х и 5–х курсов были направлены на производственную практику по строительству аэродромов в приграничную полосу. Студенты МАДИ строили аэродромы в Орле, Мценске, Ельце и других городах.

超过300名师生立刻加入了捍卫莫斯科的队列中。在整个1941~1942年期间，被动员或自愿上前线的共有700名学生，85名工作人员，5名研究生和30名教师。

Более 300 студентов и преподавателей МАДИ сразу же влились в ряды защитников Москвы. Всего же в течении 1941-1942 г.г. были мобилизованы или ушли добровольцами на фронт 700 студентов, 85 сотрудников, 5 аспирантов и 30 преподавателей.

玛季的在读学生及毕业生在西北、布良斯克、第二波罗的海、列宁格勒这四条战线从事桥梁的修复和建设工作。

Студенты и выпускники МАДИ занимались восстановлением и строительством мостов на Северо–Западном, Брянском, 2–м Прибалтийском и Ленинградском фронтах.

1989 年，玛季成立大学历史博物馆。博物馆收集了原始文件、资料、著名的苏联英雄的照片。许多展品展示的是在伟大的卫国战争期间保卫祖国的玛季人。

В 1989 г. в МАДИ был создан музей истории Университета.В музее собраны подлинные документы, материалы, фотографии прославленных Героев Советского Союза.Много экспонатов посвящено мадийцам, защищавшим Родину в годы Великой Отечественной войны.

举办伟大的卫国战争胜利音乐会。

Проходят концерты посвященные Победе Великой Отечественной войны.

学生参观

Экскурсии для студентов

常设展《二战时期的玛季》。
Постоянно действующая экспозиция «МАДИ в годы ВОВ».

2010 年，《统一俄罗斯》政党莫斯科城市地区分部授予玛季历史博物馆胜利旗帜的复制品。
Музей истории МАДИ является обладателем копии Знамени Победы, которая была вручена университету в 2010 году Московским городским региональным отделением Всероссийской политической партии «Единая Россия».

玛季的教职员工和学生一直承担着纪念牌、纪念碑、纪念柱以及其他与大学历史相关的文物遗址保护工作。

Сотрудники и студенты МАДИ принимают постоянное участие в поддержании в надлежащем состоянии мемориальных досок, памятников, стел и других памятных экспонатов, связанных с историей университета.

目前登记在册的参加第二次世界大战的玛季人共 24 名，其中 3 人继续在大学工作。

Сегодня на учёте в ветеранской организации МАДИ:- участников ВОВ в МАДИ 24 человека, из них 3 продолжают работать в университете.

Moscow State University of Information Technology, Radioengineering and Electronics (MIREA)

莫斯科国立信息技术、无线电工程及电子大学

根据俄罗斯联邦教育和科学部 2014 年 6 月 9 日第 646 号命令，莫斯科国立无线电技术、电子和自动化大学与莫斯科国立信息与仪器工程大学合并为莫斯科国立信息技术、无线电工程及电子大学。

莫斯科国立无线电技术、电子和自动化大学的前身是创建于 1947 年的全苏电力通信工程函授学院。1967 年更名为莫斯科国立无线电技术、电子和自动化大学。

莫斯科国立信息与仪器工程大学的前身是创建于 1936 年的莫斯科金属加工函授学院。2005 年更名为莫斯科国立信息与仪器工程大学。

这两所大学都有着优良的传统。在伟大的卫国战争期间，莫斯科国立无线电技术电子和自动化大学和莫斯科国立信息与仪器工程大学的很多教职工或在前线作战，或在后方为战争的胜利而辛勤工作。

Московский государственный университет информационных технологий, радиотехникти и электроники

Московский государственный технический университет радиотехники, электроники и автоматики (МИРЭА) и Московский государственный университет приборостроения и информатики (МГУПИ) приказом Министерства образования и науки Российской Федерации от 9 июня 2014 года № 646 объединяются в единый Московский государственный университет информационных технологий, радиотехники и электроники.

Предшественником МИРЭА являлся Всесоюзный заочный энергетический институт (ВЗЭИ), созданный в 1947 году. Университет приобрел название МИРЭА в 1967 году.

Предшественником МГУПИ являлся Московский республиканский заочный институт металлообрабатывающей промышленности (ЗИМП), созданный в 1936 году. Университет приобрел название МГУПИ в 2005 году.

Оба университета имеют славные традиции. Во время Великой Отечественной войны многие преподаватели МИРЭА и МГУПИ сражались на фронте или трудились в тылу во имя победы.

无线电话务员叶弗吉西耶夫·尼古拉·尼古拉耶维奇和战友们在战争结束时拍照留念（摄于1945年，右二）。

Старший радист Евтихиев Николай Николаевич в кругу боевых друзей в конце войны (1945 год, второй справа).

叶弗吉西耶夫·尼古拉·尼古拉耶维奇 1943 年 6 月入伍，曾在中央方面军、白俄罗斯第一、第二方面军作战。曾被授予伟大的卫国战争　级勋章、伟大的卫国战争二级勋章、“战斗功勋”奖章及其他奖章。他是俄罗斯科学院院士，社会主义劳动英雄，科技领域俄罗斯联邦国家奖得主。1967~1998 年间，叶弗吉西耶夫·尼古拉·尼古拉耶维奇教授曾分别担任莫斯科国立无线电技术电子和自动化大学的校长和控制论教研室主任。1998~2010 年间，担任莫斯科国立无线电技术电子和自动化大学校长。

Евтихиев Николай Николаевич с июня 1943 года воевал в составе Центрального, 1-го и 2-го Белорусских фронтов; награжден орденами Отечественной войны 1-й и 2-й степени, медалью «За боевые заслуги» и другими медалями. Академик Российской академии наук, Герой Социалистического Труда, лауреат Государственной премии Российской Федерации в области науки и техники, профессор Евтихиев Николай Николаевич с 1967 по 1998 год являлся ректором МИРЭА, а также заведующим кафедрой кибернетики. С 1998 по 2010 год Николай Николаевич Евтихиев был президентом МИРЭА.

列乌托夫·亚历山大·巴甫洛维奇 1944 年 2 月开始服役于空军第九集团军。曾被授予“战斗功勋”奖章及其他奖章。战争结束后曾在茹科夫斯基航空军事学院学习和工作。他是俄罗斯科学院通信院士，科技领域苏联国家奖得主，曾因研究 21 世纪之交俄罗斯国防问题荣获俄罗斯联邦政府奖。1986~2012 年间，列乌托夫·亚历山大·巴甫洛维奇教授担任莫斯科国立无线电技术电子和自动化大学无线电发射设备教研室主任。

Реутов Александр Павлович с февраля 1944 года был стрелком-радистом 9-й воздушной армии; награжден медалью «За боевые заслуги» и другими медалями. После войны учился и работал в Военно-воздушной академии имени Н. Е. Жуковского. Член-корреспондент Российской академии наук, лауреат Государственной премии СССР в области науки и техники и премии Правительства РФ за исследование оборонных проблем России на рубеже XXI века, профессор Реутов Александр Павлович был заведующим кафедрой радиопередающих устройств МИРЭА с 1986 по 2012 год.

1945 年 6 月 24 日莫斯科胜利大游行的参加者列乌托夫·亚历山大·巴甫洛维奇。

Участник Парада Победы 24 июня1945 года в Москве Реутов Александр Павлович.

1944 年 10 月格尔金・尤里・亚历山大洛维奇（右一）在克里姆林宫被授予红旗勋章。正中是苏联最高苏维埃主席团主席加里宁・米哈伊尔・伊万诺维奇。

Награждение Горкина Юрия Александровича (крайний справа) орденом Красного Знамени в Кремле в октябре 1944 года. В центре – Председатель Президиума Верховного Совета СССР Калинин Михаил Иванович.

格尔金・尤里・亚历山大洛维奇 1941 年 6 月入伍，曾被授予两枚红旗勋章、伟大的卫国战争一级勋章、伟大的卫国战争二级勋章和“伟大的卫国战争游击队员”一级奖章。1958~2002 年间，分别在全苏电力通信工程函授学院和莫斯科国立无线电技术电子和自动化大学任教；1968~1971 年间，担任无线电电子设备生产工艺和设计系主任；1997~2002 年间，任职无线电电子设备教研室教授。

Горкин Юрий Александрович с июня 1941 года воевал в действующей армии, награжден двумя орденами Красного Знамени, орденом Отечественной войны I и II степени, медалью «Партизану Отечественной войны» I степени. Преподавал во ВЗЭИ/МИРЭА с 1958 по 2002 год. С 1968 по 1971 год был деканом факультета конструирования и технологии производства радиоэлектронной аппаратуры, с 1997 по 2002 год – профессором кафедры радиоприборов.

奴里・依嘉・阿洛诺维奇（右一）与战友们于 1945 年 4 月摄于 Як-9 型歼击机旁。

Нуль Изя Аронович (крайний справа) с боевыми друзьями у истребителя Як-9 в апреле 1945 года.

奴里・依嘉・阿洛诺维奇自 1944 年 10 月起在白俄罗斯第二方面军第 269 歼击空军师服役，曾被授予伟大的卫国战争二级勋章、荣誉勋章、“战斗功勋”奖章、“1941~1945 伟大卫国战争对德胜利”奖章、“英勇劳动”奖章及其他奖章。1966~1983 年间作为一名经济学家，曾担任自动设备研究所副所长。同时在 1970~1983 年间，任教莫斯科国立无线电技术电子和自动化大学。1983~2007 年间，担任莫斯科国立无线电技术电子和自动化大学教研室主任。

Нуль Изя Аронович с октября 1944 года воевал в составе 269-й истребительной авиационной дивизии 2-го Белорусского фронта; награжден орденами Отечественной войны II степени, «Знак Почета», медалями «За боевые заслуги», «За победу над Германией в Великой Отечественной войне 1941 - 1945 гг.», «За трудовую доблесть» и другими медалями. С 1966 по 1983 год был главным экономистом, заместителем директора Научно-исследовательского института автоматической аппаратуры. Одновременно с 1970 по 1983 год вел преподавательскую работу в МИРЭА, с 1983 по 2007 год работал в МИРЭА профессором, заведующим кафедрой.

1945 年 6 月 24 日莫斯科胜利大游行的参加者拉杰尔涅尔·亚历山大·雷奥尼多维奇。

Участник Парада Победы 24 июня1945 года в Москве Латернер Александр Леонидович.

1941~1943 年，在第 2 远程轰炸航空团任无线电报务员；曾参加斯大林格勒保卫战；曾被授予红旗勋章、伟大的卫国战争二级勋章、“保卫斯大林格勒”奖章及其他奖章。1950 年毕业于茹科夫斯基航空军事学院，毕业后曾在多所军校任教。1977~1985 年间，在莫斯科国立无线电技术电子和自动化大学任教，同时担任学校民防部部长。

Латернер Александр Леонидович с 1941 по 1943 год воевал воздушным стрелком-радистом в авиационных полках дальнего 2-го бомбардировочного авиакорпуса; был участником Сталинградской битвы; награжден орденами Красной Звезды, Отечественной войны 2-й степени, медалью «За оборону Сталинграда» и другими медалями. После окончания в 1950 году Военно-воздушной академии имени Н. Е. Жуковского преподавал в военных вузах. С 1977 по 1985 год преподавал в МИРЭА и одновременно был начальником штаба гражданской обороны МИРЭА.

罗格日娜·伊丽莎白·格里高利耶夫娜于 1942 年上战场前与母亲合影留念。

Рогожина Елизавета Григорьевна со своей матерью перед уходом на фронт в 1942 году.

自 1942 年起，罗格日娜·伊丽莎白·格里高利耶夫娜作为西方面军和白俄罗斯第一、第二方面军的列兵参加作战。20 世纪 90 年代曾在莫斯科国立无线电技术电子和自动化大学行政－后勤部工作。

Рогожина Елизавета Григорьевна с 1942 года воевала как рядовая в составе Западного, 1 и 2-го Украинских фронтов. В 1990-х годах работала в административно-хозяйственной части МИРЭА.

米林吉斯·鲍里斯·莫伊谢耶维奇（二排左二）与战友的合影，摄于 1944 年。

Милинкис Борис Моисеевич (во втором ряду второй слева) с боевыми друзьями в 1944 году.

米林吉斯·鲍里斯·莫伊谢耶维奇 1941 年 8 月被动员入伍，曾在斯捷普诺伊方面军、沃洛涅日方面军、乌克兰第一方面军、白俄罗斯第一、第二方面军以及波罗的海沿岸方面军作战；曾参加库尔斯克会战。曾被授予伟大的卫国战争一级勋章，三枚“战斗功勋”奖章及其他奖章。米林吉斯·鲍里斯·莫伊谢耶维奇教授在 1971~2008 年间担任莫斯科国立无线电技术电子和自动化大学无线电电子设备设计和制造教研室副教授。

Милинкис Борис Моисеевич был мобилизован в августе 1941 года, воевал в составе Степного, Воронежского, 2-го Украинского, 2-го и 3-го Белорусских и 1-го Прибалтийского фронтов; участвовал в Курской битве. Милинкис Б.М. награжден орденом Отечественной войны 1-й степени, тремя медалями «За боевые заслуги» и другими медалями. С 1971 по 2008 год Милинкис Борис Моисеевич был доцентом кафедры конструирования и производства радиоаппаратуры МИРЭА.

莫斯科金属加工函授学院工程力学教研室教师谢尔盖·伊万诺维奇·菲利波夫（正中）在柏林庆祝胜利日。曾被授予"勇敢奖章"和伟大的卫国战争一级勋章。1947~1965 年间在学校工程力学教研室先后担任高级讲师、教研室主任一职。

Преподаватель кафедры технической механики МЗИМП Сергей Иванович Филлипов (на снимке в центре) встретил День победы в Берлине. Награжден медалью «За отвагу» и орденом Отечественной войны 1 степени. С 1947 по 1965 годы работал в вузе старшим преподавателем, заведующим кафедрой технической механики.

莫斯科金属加工函授学院教师弗拉基米尔·尼古拉耶维奇·德沃尔斯基曾在白俄罗斯第一方面军服役。曾被授予"战斗功勋"奖章。1946~1978 年间曾在学校担任生产组织教研室讲师一职。

Преподаватель МЗИМП Владимир Николаевич Дворской, воевал в составе 1-го Белорусского фронта. Награжден медалью «За боевые заслуги». С 1946 по 1978 гг. - преподаватель кафедры «Организация производства» вуза.

鲁多美托夫·格里高利·维切斯拉沃维奇（二排左三）曾服役于卡累利阿方面军海军陆战队第六独立旅。曾被授予红星勋章和"勇敢奖章"。1944 年考入列宁格勒海军高级工程学院。1947~1961 年，在导弹部队服役。1961~1989 年，担任莫斯科国立信息与仪器工程大学实验室主任。照片摄于 1944 年。

Рудометов Григорий Вячеславович (на фото во втором ряду слева третий) в составе 6-й отдельной бригады морской пехоты воевал на Карельском фронте. Награжден орденом Красной звезды и медалью «За отвагу». В 1944 году поступил в Ленинградское высшее военно-морское инженерное училище. С 1947 по 1961 гг. служил в ракетных войсках. С 1961 по 1989 гг. работал заведующим лаборатории МГУПИ. Фото 1944 г.

1943~1946 年，莫斯科金属加工函授学院的教室和办公室就位于斯特罗梅卡街 18 号的这座建筑内（照片左起）。照片摄于 1944 年。

В здании по ул. Стромынка д. 18 (на фото слева) с 1943 по 1946 гг. располагались аудитории и кабинеты МЗИМП. Фото 1944 г.

战争期间，莫斯科金属加工函授学院继续在莫斯科开办速成班，培养工业专业人才，每年毕业于速成班的工程师有 500 多人。学校还完成了改善金属切割和焊接工艺的科学研究工作。（照片摄于 1944 年的大学函授生学习进修班）

В годы войны Московский заочный институт металлообрабатывающей промышленности оставался в Москве и продолжал по ускоренным курсам готовить специалистов для промышленности, ежегодно выпуская более 500 инженеров. Выполнял научные разработки по совершенствованию технологий резки и сварки металлов. (Фото 1944 г.-семинар слушателей-заочников вуза)

位于斯特罗梅卡街 20 号的莫斯科国立信息与仪器工程大学教学楼；战争期间曾是莫斯科国立大学的学生宿舍楼。照片摄于 1941 年。

Здание МГУПИ по ул. Стромынка, д. 20. В годы войны - общежитие студентов МГУ. Фото 1941 г.

МЭИ Moscow Power Engineering Institute

莫斯科动力学院

1941 年 6 月 22 日中午 12 时许，在苏联政府的通告中得知：德国法西斯对苏联发动了战争，苏德战争爆发。在莫斯科动力学院的校区里举行了学生与教职工会议，与会者宣布：他们准备去前线保卫祖国。第一批学生于 1941 年 6 月 27 日被派往前线，随后莫斯科动力学院的老师和职工队伍陆续抵达。

在莫斯科动力学院成立了 1 650 名由学生教师组成的建设团队，并被派往维亚济马，在炮火连天的 3 个月中他们夜以继日地修建防御工事。

1941 年十月中旬莫斯科动力学院被迁至列宁诺格尔斯克，并成立了 3 个系：能源工程系、热能工程系和电气工程系。这些系在 1942~1943 学年共计有 589 名学生。

科研工作也一直没有停止。Т. Л. 索拉多列夫教授和 Д. О. 谢伊弗拉副教授完成了科研项目——提高乌利巴水电站的可用容量。1943 年，首次在莫斯科动力学院举办科学技术协会，并由列昂尼德・伊万诺维奇・西罗京斯基教授主持，该协会工作至今。

1942 年 12 月 4 日，主管机构决定将莫斯科动力学院作为第一所俄罗斯高校，从列宁诺戈尔斯克重新迁回莫斯科。

从 1933~1944 年开始，莫斯科动力学院成立了四个系：电力系、热力工程系、机电系和电子系。1945 年为了培养水利工程师，成立了水电工程系、工业电气化和交通系。

虽然 1943~1945 年间战争还在继续，但是莫斯科动力学院仍获得拨款用于建设位于红色军营大街的主楼建筑群，给旧实验室补充了现代化设备，并建造了新实验室。由于建筑工人数量很少，装修工作由老师、行政人员和学生完成。

数千名来自莫斯科动力学院教室和实验室的教职工、学生投身于战斗最激烈的地方。他们的命运不尽相同：很多人在伟大的卫国战争前线英勇牺牲，而其他人伤痕累累地回到母校，并被授予了祖国的勋章和奖章，同时还有一些在后方奋不顾身工作的人，他们为了同一个目标——为了祖国，为了胜利！

Московский энергетический институт

22 июня 1941 года в 12 часов из правительственного сообщения народ Советского Союза узнал о нападении фашистов и начале войны с Германией. В студенческом городке Московского энергетического института (МЭИ) состоялся митинг студентов, преподавателей и сотрудников института, на котором его участники заявили о готовности идти на фронт защищать Родину.27 июня 1941 года первая большая группа студентов отправилась на фронт. Вслед за ними отправился отряд преподавателей и сотрудников МЭИ.

В МЭИ был сформирован большой отряд строителей из студентов и преподавателей общей численностью в 1650 человек, инаправлен под Вязьму, где они в течение трех месяцев (июль-сентябрь 1941 года) трудились и днем, и ночью на строительстве оборонительных укреплений вдоль Днепра:рыли окопы и эскарпы, сооружали деревоземляные огневые точки, создавали лесные завалы, невзирая на бомбежки и обстрелы из пулеметов с воздуха.

В середине октября 1941 года правительство приняло решение об эвакуации МЭИ в Лениногорск. Были сформированы три факультета - Энергетический, Теплотехнический и Электротехнический, которые в 1942 - 1943 учебном году насчитывали 589 студентов.

Не прекращаласьи научно-исследовательская работа.ПрофессорТ. Л. Золаторев и доцент Д.О. Сейфула выполнили научно-исследовательскую работу - "Увеличение располагаемой мощности УльбаГЭС".В 1943г. впервые в МЭИ было организовано Научно-Техническое общество под председательством профессора Леонида Ивановича Сиротинского, которое продолжает существовать до настоящего времени.

4 декабря 1942 года директивными органами было принято решение о реэвакуации МЭИ из Лениногорска МЭИ возвратился в Москву первым среди московских вузов.

С начала 1943/44 учебного года было организовано четыре факультета: электроэнергетический,теплотехнический, электромеханический и электрофизический.В 1945 году для подготовки инженеров-гидротехников был организован гидроэнергетический факультет и факультет электрификации промышленности и транспорта.

Несмотря на продолжавшуюся войну, институту в 1943-1945 годы были выделены средства для строительства комплекса корпусов по Красноказарменной улице, пополнения старых лабораторий современным оборудованием и создание новых.Кадровых строителей было мало - монтажные работы велись силами преподавателей, учебно-вспомогательного состава и студентов.

Тысячи сотрудников и студентов МЭИ из аудиторий и учебных лабораторий шагнули в пекло войны. По разному сложилась их судьба: одни сложили головы на фронтах Великой Отечественной войны, другие вернулись в родной институт израненными и опаленными войной, награжденные орденами и медалями Родины, но, вместе с теми, кто также не щадя себя трудился в тылу, все они жили одним - во имя Отчизны -ПОБЕДА.

莫斯科及郊区市民、莫斯科动力学院学生在做防御工作。

Жители Москвы, Подмосковья, студенты МЭИ на оборонительных работах

1944 年照明技术教研室的实验室配备了当时最新的设备。

Лаборатория Кафедры Светотехники оснащена новейшим, по тем временам, оборудованием, 1944г.

详细描述建造防御设施期间生活的记事簿——1941 年 7 月 4 日至 8 月 13 日参与建设防御设施的莫动学生库德里亚夫采夫的行军日记。

Студенты МЭИ, вернувшиеся со строительства оборонительных сооружений. Записная книжка с подробным описанием жизни во время строительства оборонительных сооружений - походный дневник студента МЭИ Кудрявцева, участника работ на строительстве оборонительных сооружений с 04 июля по 13 августа 1941 года.

1944 年学生们在照明技术教研室的实验室里操作照明技术设备。

Работа студентов со светотехническом оборудованием в лаборатории кафедры Светотехники, 1944г.

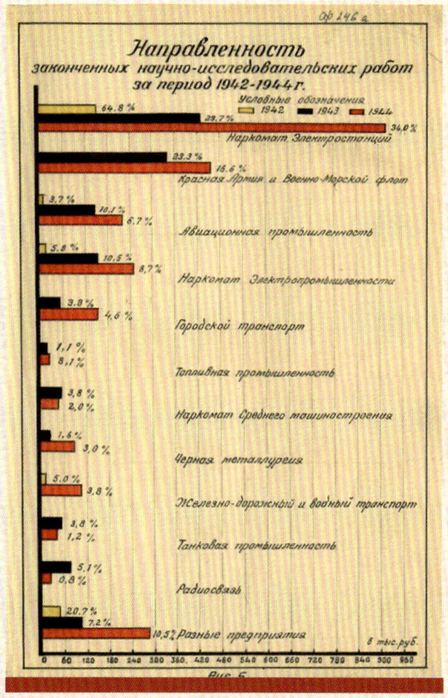

1942~1944 年期间在莫斯科动力学院完成的科学研究工作图表。

Диаграмма: Направленность законченных научно-исследовательских работ в МЭИ в период 1942-1944 гг.

莫斯科动力学院院长格奥尔吉·尼古拉耶维奇·彼得罗夫在列宁格勒市的办公室工作，1942 年学校撤退到此地。

Директор МЭИ Георгий Николаевич Петров - в рабочем кабинете в г. Лениногорске, где МЭИ находился в эвакуации, 1942г.

оф. 231

ГУУЗ НКЭС

Московский ОРДЕНА ЛЕНИНА Энергетический Институт им. В. М. Молотова

СПРАВКА № 722

Дана тов. ______

в том, что он является ______

______ и согласно решения Государственного Комитета Обороны от 4/X-42 г. совместно с Московским ОРДЕНА ЛЕНИНА Энергетическим Институтом им. В. М. Молотова реэвакуируется в Москву из г. Лениногорска, Вост.-Каз. области ж. д. станция Риддер, Томской жел. дороги.

Тов. ______ следует эшелоном ______ по пропуску выданному НКВД г. Лениногорска за № 722 от ______

Председатель Комиссии по реэвакуации МЭИ в Москву: ______

г. Лениногорск, городская типография УВ 110

Г.Н. 彼得罗夫获得同女儿和莫斯科动力学院一同遣回到莫斯科编号为 722 的证明书。

Справка №722 выдана Г.Н. Петрову о его реэвакуации совместно с МЭИ в Москву вместе с дочерью.

建造莫斯科动力学院主楼。
Строительство главного корпуса Московского Энергетического Института.

莫动 M-2-42 班学生在建造 Б 教学楼 17 区时的合照，摄于 1943 年 8 月。
Групповая фотография бригады студентов МЭИ группы М-2-42 на строительстве корпуса "Б" дома № 17. Август 1943 г.

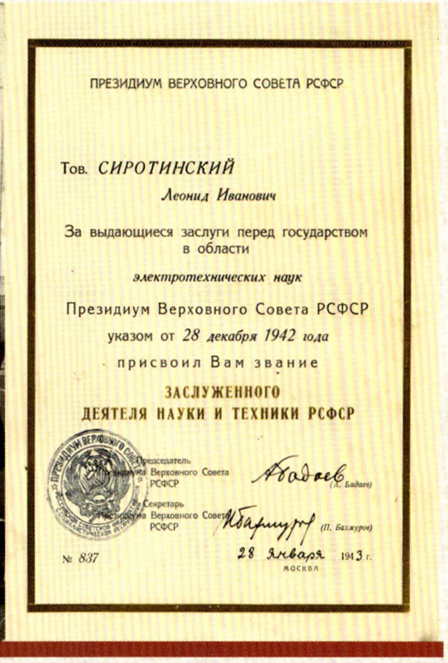

ПРЕЗИДИУМ ВЕРХОВНОГО СОВЕТА РСФСР

Тов. СИРОТИНСКИЙ
Леонид Иванович

За выдающиеся заслуги перед государством в области
электротехнических наук
Президиум Верховного Совета РСФСР
указом от 28 декабря 1942 года
присвоил Вам звание

ЗАСЛУЖЕННОГО ДЕЯТЕЛЯ НАУКИ И ТЕХНИКИ РСФСР

Председатель Президиума Верховного Совета РСФСР (Н. Бадаев)

Секретарь Президиума Верховного Совета РСФСР (П. Бахмуров)

№ 837

28 января 1943 г.
Москва

科学技术协会主席，高压技术与电物理学教研室副室长列奥尼多·伊万诺维奇·西罗京斯基教授和 Д. 拉泽维奇副教授在观察 1 500 000 伏特的充电设备的安装。

颁发给列奥尼多·伊万诺维奇·西罗京斯基先生的“功勋科学技术活动家”荣誉证书，编号 837。

Председатель Научно-технического общества Зав.кафедрой ТВН профессор Леонид Иванович Сиротинский и доцент Д.Разевич наблюдают за монтажом зарядного устройства на 1 500 000 Вольт.

Почетная грамота Заслуженного деятеля науки и техники РСФСР № 837 тов.Сиротинского Леонида Ивановича

莫斯科动力学院毕业生和动力系主任——格拉祖诺夫·亚历山大·亚历山大罗维奇教授（中）在毕业答辩之后的合照。1942 年摄于东哈萨克斯坦。

Групповое фото выпускников МЭИ и декана Энергетического факультета, профессора Глазунова Александра Александровича (сидит в центре) после защиты дипломных проектов. Восточный Казахстан, 1942 г.

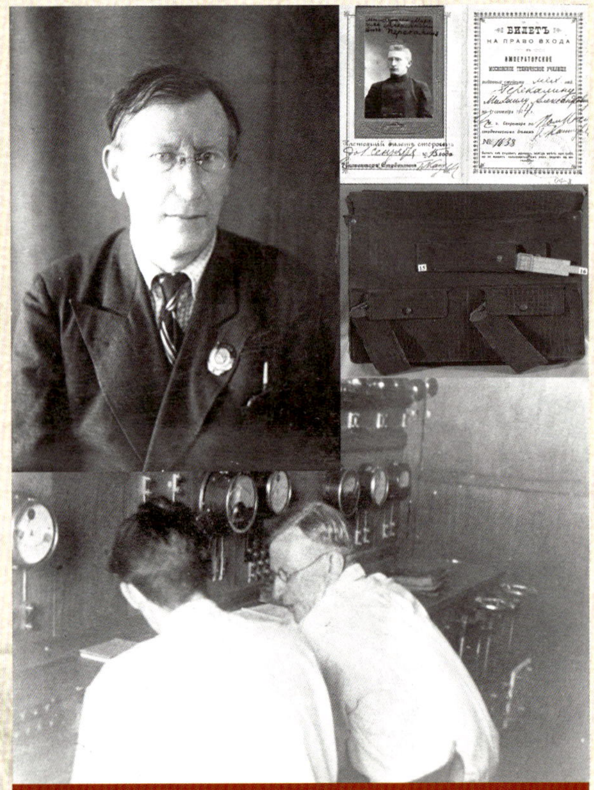

米哈伊尔·亚历山大罗维奇·别列卡林教授的照片。
Фотопортрет профессора Михаила Александровича Перекалина.
M.A. 别列卡林在莫斯科皇家技术学校的准入证。
Билет М.А. Перекалина на вход в Императорское Московское Техническое Училище.
M.A. 别列卡林的公文包
Портфель М.А. Перекалина
M.A. 比列卡林教授在电子技术理论基础教研室的实验室为学生 B. 科别列夫进行提前考试。
Профессор М.А. Перекалин принимает досрочный экзамен у студента В. Кобелева в лаборатории кафедры ТОЭ.

毕业于游击运动司令部附属无线电报务员学校的莫斯科动力学院学生的集体照，全部阵亡。
Групповой портрет студенток МЭИ, закончивших школу радистов при штабе партизанского движения. Все погибли.

参与到列宁格勒战线战斗的莫斯科动力学院学生 E.A. 加加林的照片。E.A. 加加林的学生证和“列宁格勒保卫战”奖章授予证书。

Фотопортрет участника боёв на Ленинградском фронте студента МЭИ Е.А. Гагарина. Студенческий билет и удостоверение о награждении медалью "За оборону Ленинграда" Е.А. Гагарина.

M.Ф. 马里亚诺夫斯基，莫斯科动力学院历史系教师，副教授，坦克学校学员，1942 年 1 月至 1944 年 8 月在西部战线战斗，曾三次负伤，多次荣获战斗勋章。2005 年去世。

Марьяновский М.Ф. - преподаватель кафедры истории МЭИ, доцент. Ушел на фронт курсантом Танкового училища. Воевал на Западном фронте с января 1942 г. по август 1944 г. Был трижды ранен. Награжден многочисленными боевыми орденами. Скончался в 2005 г.

荣获战斗勋章的莫斯科动力学院学生。照片正中为 A.C. 苏科梅尔教授，后成为热能电力系主任。1946 年。

Студенты МЭИ, награжденные боевыми орденами. В центре - будущий декан ТЭФ-а, профессор А.С.Сукомел. 1946г.

МИСиС National University of Science and Technology "MISIS"

莫斯科钢铁合金学院

在战争初期有千余名莫斯科钢铁合金学院的教授、教师、员工和学生参军。莫钢参与组建了莫斯科市列宁区的民兵总队。200 余名莫斯科钢铁合金学院的员工和学生自愿加入了总队，约有 100 名学生来自有色金属合金学院。民兵总队从莫斯科进军到柏林。仅仅在 1943 年，大学的研究人员就已经研究制订了 20 余种工业生产方案，来简化和完善国防工厂中必要的有色金属和合金生产过程的工艺。冶金和热处理实验室为什帕金型冲锋枪、“喀秋莎”火箭炮、坦克和迫击炮生产热零件和化学热处理零件。在炼钢实验室炼制 1.5 吨苏尔玛合金用于焊接坦克零件。1943 年，32 名学校的教师和员工被授予勋章和奖章，以表彰他们为黑色冶金和国防工业培养了大量专家，参与解决提高冶金设备性能、创造新型钢种、创新金属生产工艺以及新的零件加工工艺等方面做出的贡献。国家高度评价了莫斯科钢铁学院在增强国家军事实力方面所做出的贡献，并于 1944 年授予其劳动红旗勋章。

Национальный исследовательский технологический университет “МИСиС”

Более тысячи профессоров, преподавателей, сотрудников и студентов Московского института стали в первые месяцы войны ушли в действующую армию.Институт участвовал в создании ополченческой дивизии Ленинского района г. Москвы. В дивизию добровольно вступило более 200 сотрудников и студентов института стали, около 100 студентов института цветных металлов и золота. Дивизия прошла боевой путь от Москвы до Берлина.Только в 1943 г. вузовские ученые разработали и внедрили в промышленное производство свыше 20 предложений по рационализации и усовершенствованию технологического процесса получения цветных металлов и сплавов, необходимых оборонным заводам.Лаборатория кафедры металловедения и термической обработки выполняла заказы крупных машиностроительных заводов Москвы по термической и химико-термической обработке деталей для ППШ, для легендарных “Катюш”, танков, минометов. В сталеплавильной лаборатории было выплавлено 1,5 тонны сормайта для наплавки на детали танков. За заслуги в подготовке специалистов для черной металлургии и оборонной промышленности и участие в решении задач, связанных с повышением производительности металлургических агрегатов, созданием новых марок стали и технологических процессов производства металла и изделий из него, 32 преподавателя и научных сотрудника института в 1943 году были награждены орденами и медалями.Правительство высоко оценило заслуги Московского института стали в укреплении военной мощи страны и наградило его в 1944 г. орденом Трудового Красного Знамени.

莫斯科钢铁学院教授别利亚耶夫和巴甫洛夫（苏联科学院院士，两次获得社会主义劳动英雄称号，四次斯大林奖获得者）。摄于 1943 年。

Профессора МИС А.И. Беляев, И.М. Павлов, А.А. Бочвар (академик АН СССР; дважды Герой Социалистического Труда, лауреат четырёх Сталинских премий). 1943.

摩托车通信员排。左数第一个为施巴洛夫（员工）。摄于 1944 年德国。

Взвод мотоциклистов-связистов. Первый справа Н.С. Шибалов (сотрудник). Германия. 1944.

莫斯科矿业学院的毕业生：捷沃相（苏联黑色冶金人民委员）和科罗博夫（第一任苏联黑色冶金人民副委员）在荣获列宁勋章和社会主义劳动英雄称号后合影，获奖是表彰他们在困难的战争时期对所有类型的武器、坦克、飞机和弹药组织高质量生产所做出的特殊贡献。摄于1943 年。

Выпускники Московской Горной Академии: Тевосян И.Ф. (Народный комиссар черной металлургии СССР), Коробов П.И. (первый заместитель Народного комиссара черной металлругии СССР) после вручения Ордена Ленина и звания Героя Социалистического труда «За особые заслуги в области организации производства качественного и высококачественного металла для всех видов вооружения, танков, авиации и боеприпасов в трудных условиях военного времени». 1943.

1945 年 5 月 9 日，科沙耶夫（佩戴勋章者，荣获“苏联英雄”称号（1944 年），莫斯科钢铁学院军事系教研室主任）；莫斯科钢铁学院的两位校长：1945~1951 年，叶柳金（左数第八位，苏联中高等专业教育部部长。被授予四枚列宁勋章，十月革命勋章，劳动红旗勋章，两枚荣誉勋章，苏联斯大林奖得主）；1952~1960 年，基金（左数第九位）。

9 мая 1945 г. Н.М. Кошаев (с наградами) - Герой Советского Союза (1944) зав. военной кафедры МИС; два ректора МИС: 1945-1951 В.П. Елютин (восьмой слева, Министр высшего и среднего специального образования СССР. Награждён четырьмя орденами Ленина, орденом Октябрьской Революции, орденом Трудового Красного Знамени, двумя орденами «Знак Почёта». Лауреат Сталинской премии СССР) и 1952-1960 И.Н. Кидин (девятый слева).

1942 年萨马林（苏联科学院院士，苏联高等教育部部长）在学校开放日与莫斯科钢铁合金学院报考者。摄于冶金实验室。

А.М. Самарин (Академик АН СССР, зам. министра высшего образования СССР) с абитуриентами МИС на дне открытых дверей в лаборатории ЭМСиФ. 1942.

1942 年，巴尔丁（苏联科学院院士兼副院长，社会主义劳动英雄）与莫斯科钢铁学院的报考者，摄于学校开放日。

И.П. Бардин (академик и вице-президент АН СССР, Герой Социалистического Труда) с абитуриентами МИС на дне открытых дверей. 1942 г.

1944 年意外的会面。叶戈罗夫与他的父亲（后来成为莫斯科斯大林钢铁学院的教授及《矿物质化学计量成分形成规律》的作者）。

Нечаянная встреча. Б.Л. Егоров с отцом (впоследствии профессор МИСиС и автор открытия «Закономерность формирования стехиометрического состава минералов»). 1944.

1942 年莫斯科钢铁学院被疏散转移。第一排从左至右为：利沃夫上校——军事系主任，第二位——副主任，林切夫斯基教授，第三位——叶德涅拉尔，钢铁冶金系教研室主任。

МИС в эвакуации. В первом ряду слева на право полковник Львов – нач. военной кафедры, второй – зам.директора профессор В.П. Линчевский, третий – доцент Ф.П. Еднерал – зав. кафедрой металлургии стали. 1942 г.

莫斯科钢铁合金学院学生——民兵战士。摄于 1941 年。

Студенты МИС – бойцы народного ополчения. 1941.

学生被分配到工厂进行生产实习。来自莫斯科斯大林钢铁学院，1943~1944 学年年度汇报总结。

Распределение студентов на производственной практике по заводам. Из отчета МИС им. И.В. Сталина за 1943-44 учебный год.

轧制生产系教师合影。摄于 1945 年。

Преподаватели кафедры прокатного производства. 1945 г.

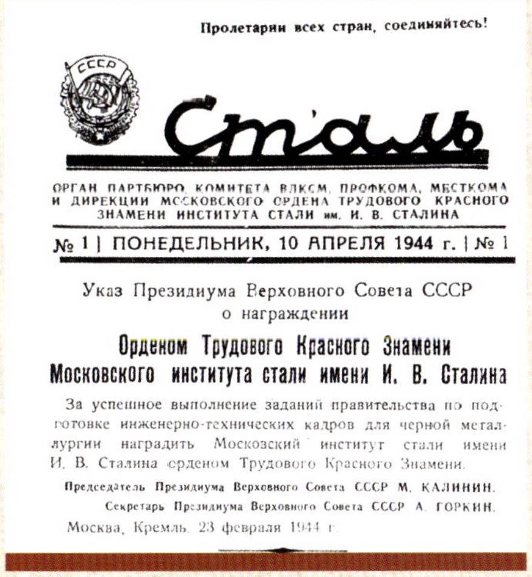

Пролетарии всех стран, соединяйтесь!

Сталь

ОРГАН ПАРТБЮРО, КОМИТЕТА ВЛКСМ, ПРОФКОМА, МЕСТКОМА И ДИРЕКЦИИ МОСКОВСКОГО ОРДЕНА ТРУДОВОГО КРАСНОГО ЗНАМЕНИ ИНСТИТУТА СТАЛИ им. И. В. СТАЛИНА

№ 1 | ПОНЕДЕЛЬНИК, 10 АПРЕЛЯ 1944 г. | № 1

Указ Президиума Верховного Совета СССР
о награждении

Орденом Трудового Красного Знамени Московского института стали имени И. В. Сталина

За успешное выполнение заданий правительства по подготовке инженерно-технических кадров для черной металлургии наградить Московский институт стали имени И. В. Сталина орденом Трудового Красного Знамени.

Председатель Президиума Верховного Совета СССР М. КАЛИНИН.
Секретарь Президиума Верховного Совета СССР А. ГОРКИН.

Москва, Кремль. 23 февраля 1944 г.

关于 1944 年 2 月 23 日授予莫斯科斯大林钢铁学院劳动红旗勋章的苏维埃最高主席团的命令。

Указ Президиума Верховного Совета СССР о награждении Орденом Трудового Красного Знамени Московского института стали имени И.В. Сталина от 23 февраля 1944 г.

1945 年《钢铁》报纸 5 月刊的剪报。

Вырезка из майского номера газеты «Сталь» 1945 г.

То был суровый 1941 год. Немецкие полчища рвались к столице нашей Родины — Москве. Вражеские бомбардировщики по 2—3 раза в день бомбили город. И в этой напряженной обстановке мастерские и лаборатории нашего института ковали боевое вооружение, изготовляли боеприпасы для Красной Армии.

Каждый советский человек верил и знал, что придет желанный час победы; чтобы приблизить этот радостный час, труженики тыла отдавали все свои силы и знания.

На снимке (слева направо): 1. Старшая лаборантка термической лаборатории Анна Александровна Плятова, работавшая калильщицей в термическом цехе.

2. Не теряя ни одной минуты драгоценного времени, токарь Александр Павлович Гордеев по 2—3 суток не выходил из цеха. Тут же, у станка, мастер Яков Иванович Дуденков проверяет качество готовых деталей.

3. С первого дня войны работает на оборону Родины шлифовщик Николай Иванович Тараканов.

Novosibirsk State Technical University

新西伯利亚国立技术大学

在伟大的卫国战争期间，新西伯利亚成为红军强大的军火库。很多工厂、研究所和艺术团体从前线疏散撤离至此。战争初期，50 多个工厂的专家和设备转移到新西伯利亚，同时成立了 26 所军队医院。有 6 所新西伯利亚高校接纳了来自莫斯科、列宁格勒和第聂伯彼得罗夫斯克的院校。在战争年代，由于有了众多疏散工厂的迁入，新西伯利亚的工业产量急剧增长至原来的 8 倍。大量军用装备和弹药运往前线。广为人知的新西伯利亚奇卡洛夫航空制造厂，于 1941 年末生产了首批雅克 -7 战斗机（21 架），并于 1942 年全年总计生产 2 211 架。“一天一个团”的口号（日产 28~30 架飞机）成为契卡洛夫人的座右铭。为完成该任务，工厂专门建立了流水线。苏联时期，三分之一的雅克战斗机产自该厂车间。

新西伯利亚人的英雄事迹被多次高度表彰。103 000 余人次被授予“1941~1945 伟大卫国战争英勇劳动奖章”，超过 2 200 名市民被授予各类勋章和奖章。西伯利亚农业机械制造厂被授予“列宁勋章”和伟大的卫国战争一级勋章。奇卡洛夫工厂、仪表厂和电气信号厂被授予“列宁勋章”。同时，迁入的企业极大地改善了新西伯利亚的经济情况。新西伯利亚由此获得了东部地区国防工业战略枢纽的盛誉。

因在反抗德国侵略战争中的英勇表现，使得数以千计的西伯利亚人被授予各类苏维埃社会主义共和国联盟奖章和勋章。共计有 47 人成为“苏联英雄”，空军元帅波克雷什金先后三次被授予“英雄之星”称号，6 人获得所有三个级别的荣誉勋章。

33 000 余名新西伯利亚人战死沙场，为祖国献出了生命，这相当于欧洲小国列支敦士登的人口总和。英雄们的事迹在各个城市的纪念碑上被永远镌刻着。最大的英雄纪念碑位于列宁区，在那里，10 米高的塔座上几乎刻写下所有战死的新西伯利亚人的名字，并且这份名单仍在不断补充。但是我们更应该记住并感谢的，是那些依然健在的老战士们，感谢他们在战争年代做出的巨大贡献。

Новосибирский государственный технический университет

В годы Великой Отечественной войны Новосибирск превратился в мощный боевой арсенал Красной Армии. Из прифронтовой полосы сюда эвакуируются заводы, институты, творческие коллективы. В первые месяцы войны в Новосибирск прибывают специалисты и оборудование более 50 заводов и фабрик, организуется 26 госпиталей. Шесть новосибирских институтов также приняли к себе вузы из Москвы, Ленинграда и Днепропетровска. За военные годы промышленность Новосибирска при участии эвакуированных заводских коллективов в 8 раз увеличивает выпуск продукции. На фронт направляются эшелоны с военным снаряжением и боеприпасами. Широко известен новосибирский авиастроительный завод им. Чкалова. К концу 1941 года завод выпустил первую партию истребителей Як-7 (21 самолет), а за 1942 год их было построено 2211. Лозунг «Полк в день» (28-30 самолетов в сутки) становится главным девизом чкаловцев. Для реализации этой задачи были организованы поточные сборочные линии. Из цехов завода вышел каждый третий истребитель «Як», построенный в СССР.

Героический труд новосибирцев не раз отмечался высокими наградами. 103 тысячи человек удостоены медали «За доблестный труд в Великой отечественной войне 1941-1945 гг.», свыше 2,2 тысяч горожан награждены орденами и медалями. Завод «Сибсельмаш» награжден орденом Ленина и орденом Отечественной войны I степени. Заводы имени В.П.Чкалова, Приборостроительный и «Электросигнал» - орденами Ленина. Перевезенные предприятия кардинально изменили его экономику. Новосибирск приобрел стальные мышцы и славу стратегического мощного оборонно-промышленного узла на востоке страны.

За мужество и доблесть, проявленные в борьбе с немецкими захватчиками тысячи новосибирцев награждены медалями и орденами Союза ССР, 47 стали Героями Советского Союза, маршал авиации А.И. Покрышкин трижды удостоен Звезды Героя, 6 человек награждены орденами Славы всех трех степеней.

33 000 новосибирцев не вернулись с этой войны, отдали свою жизнь за Родину. Это можно сравнить с численностью всего населения небольшой европейской страны Лихтенштейн. Память о павших увековечена во многих городских памятниках. Самым большим является Монумент славы в Ленинском районе. Там, на пилонах высотой 10 метров нанесены почти все фамилии погибших новосибирцев, но и это список все еще пополняется. Но гораздо важнее память наших сердец и благодарность тем немногим ветеранам фронта и тыла, что еще живы, и благодаря чьему титаническому труду в годы войны.

别洛乌索夫・叶甫盖尼・亚历山大罗维奇
上校，1964 ~1978 年间担任新西伯利亚国立技术大学军事教研室主任。曾被授予“为祖国服务”勋章、两枚伟大的卫国战争二级勋章、红星勋章以及其他奖章。1941 年 12 月，别洛乌索夫成功击毁两辆坦克，歼灭 40 名法西斯分子。

Белоусов Евгений Александрович
Полковник, В НГТУ работал с 1964 по 1978 гг. заведующим военной кафедры. Награжден орденом «За службу Родине», двумя орденами Отечественной войны II степени, орденом Красной, Звезды и медалями. В декабре 41 г. Белоусову удалось подбить два танка и уничтожить 40 фашистов.

格拉巴维茨基·格奥尔吉·弗拉基米罗维奇

1957~1988 年间任职于新西伯利亚电气技术学院（现新西伯利亚国立技术大学），曾参加伟大的卫国战争。因在列宁格勒战线作战时受伤，从部队退役。1943 年康复后，考入莫斯科能源学院。

Грабовецкий Георгий Владимирович

залуженный работник НЭТИ-НГТУ с 1957 по 1988 гг., участник Великой Отечественной войны. Участвовал в боях на Ленинградском фронте, был ранен и демобилизован из армии. После выздоровления в 1943 г. поступил в Московский энергетический институт.

米基连卡·格奥尔吉·谢尔盖耶维奇

1972 年担任新西伯利亚国立技术大学副校长及教研室主任，曾参加伟大的卫国战争；海军少将；列宁奖金获得者；俄罗斯联邦荣誉功勋科技工作者；彼得罗夫斯基科学与艺术研究院院士；工程科学学院与交通学院荣誉成员；曾三次被授予红星勋章。

Мигиренко Георгий Сергеевич

с 1972 проректор и заведующий кафедрой НГТУ, участник Великой Отечественной войны, контр-адмирал, лауреат Ленинской премии, заслуженный деятель науки и техники РФ, академик Петровской Академии наук и искусств, почетный член Академии инженерных наук и Академии транспорта, награжден орденами Красной Звезды (трижды).

“新西伯利亚共青团”号潜艇指挥员、海军大尉科凡诺夫在群众大会上的演讲。1942~1944 年。

Выступление на митинге командира подводной лодки «Новосибирский комсомолец» капитан-лейтенанта Кофанова, 1942-1944 гг.

新西伯利亚，科技文化馆——歌剧院建设。1933 年。
Новосибирск, Строительство Дома науки и культуры – Оперный театр, 1933 г.

新西伯利亚，国家模范歌舞剧院。1968 年。
Новосибирск, Государственный Академический театр оперы и балета, 1968 г.

在新西伯利亚科技文化馆——歌剧院大厅入口处的三名战士，1942~1944 年。剧院首映由叶甫盖尼·姆拉维斯基指挥，列宁格勒音乐爱好者协会模范交响乐队演奏的肖斯塔科维奇第七交响曲（列宁格勒音乐爱好者协会曾位于新西伯利亚的疏散地）。

Трое военных перед входом в концертный зал Дома науки и культуры – Оперный театр г. Новосибирск, 1942-1944 гг.Премьера в театре – Седьмая симфония Шостаковича, Академический симфонический оркестр Ленинградской филармонии под управлением Евгения Мравинского (Ленинградская филармония находилась в эвакуации в Новосибирске).

新西伯利亚飞机制造厂组装车间全景图，1941~1944 年。
Новосибирский авиазавод общий вид сборочного цеха, 1941-1944 гг.

在新西伯利亚火车站欢迎西伯利亚战士们。1945 年。
Встреча воинов-сибиряков на Новосибирском ж/д вокзале, 1945 г.

胜利大阅兵。1945 年。
Военный парад в честь победы, 1945 г.

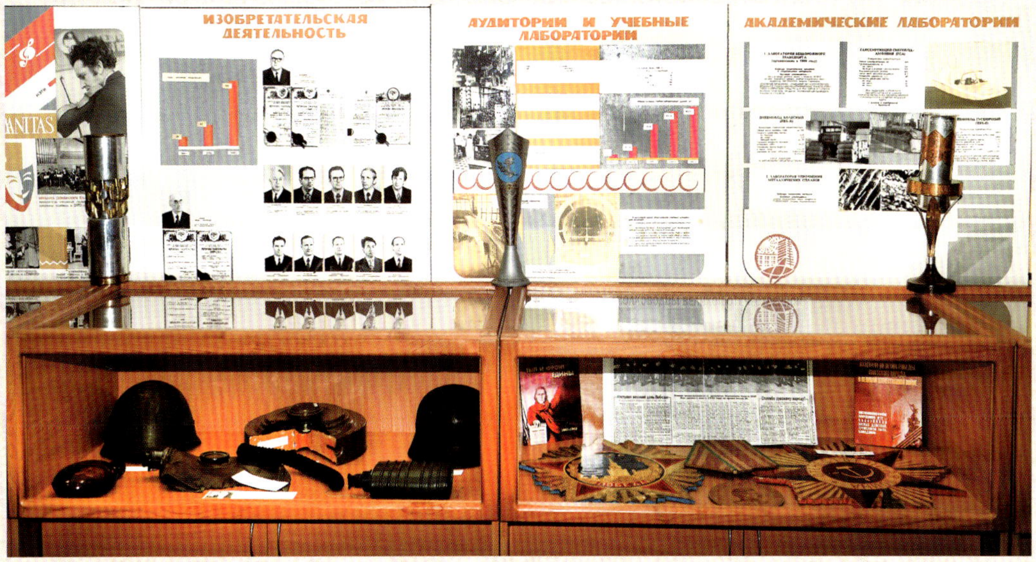

橱窗里展示的是 M.N. 哈巴罗夫，E.A. 别洛乌索夫，Г.С. 米基连柯以及其他新西伯利亚电气技术学院（现新西伯利亚国立技术大学）工作人员，即伟大的卫国战争参战者的物品。大部分展品由参战者及其亲属捐赠：手枪皮套、行军用的手提饭盒、防毒面具、前线寄来的书信、传单、苏联英雄之星的复制品、文件等等。（所有材料来自新西伯利亚国立技术大学博物馆）

В витринах представлены материалы, посвященные Хабарову М.Н., Белоусову Е.А., Мигиренко Г.С. и другим сотрудникам НЭТИ-НГТУ – участникам Великой Отечественной войны. Большая часть экспонатов предоставлена самими участниками войны и их родственниками - кобура, котелок, противогаз, письма с фронта, листовки, копия Звезды Героя Советского Союза, документы и др. (материалы из Музея НГТУ)

Perm National Research Polytechnic University

彼尔姆国立科研理工大学

就历史进程而言，伟大的卫国战争持续的时间虽然并不长，但却足以堪比一个时代。

战争年代里，彼尔姆在工厂车间铸造了辉煌。1941 年初在莫洛托夫区境内运转着几百家工业企业，其中大多数是来完成军事订单的。伟大的卫国战争初期，要求从前线向后方疏散大量人口和工业企业。

从战争一开始，彼尔姆的工业生产就专供军事需求——这里生产弹药及武器。莫洛托夫州（现称彼尔姆边疆区）便成为一个接收疏散人口和企业的主要地区之一。有 124 家工业企业疏散至该边疆区，其中的 64 家安置在彼尔姆。彼尔姆市生产飞机发动机、大炮、轻武器及著名的“喀秋莎”。

工业迅猛发展是彼尔姆区战后的显著特点，该市还进行过油田和煤矿的开采。卡马河沿岸地区现已拥有强大的石油加工工业、电气工业及机器制造业。为进一步开发该区域的工业潜力，根据苏联部长会议决议，成立了莫洛托夫矿业学院，现名为彼尔姆国立研究型理工大学。

如今，彼尔姆国立科研理工大学是俄罗斯联邦顶尖的、最大的工科高校之一，为高新技术经济部门实施有针对性的人才培养和再培养，在整个科学、技术及工艺领域进行研究和开发。

Пермский национальный исследовательский политехнический университет

По историческим меркам период Великой Отечественной войны представляется совсем недолгим, однако, он по праву может быть сопоставим с целой эпохой.

В военные годы Пермь ковала победу в заводских цехах. К началу 1941 года на территории Молотовской области действовали сотни промышленных предприятий, многие из которых выполняли военные заказы. Начавшаяся Великая Отечественная война потребовала эвакуации из прифронтовой зоны в тыл большого числа людей и промышленных предприятий.

С начала военных действий промышленность Перми работала только на военные нужды – здесь выпускались боеприпасы и вооружение. Молотовская область (сейчас Пермский край) стала одним из основных регионов, принимавших эвакуированное население и предприятия. В область было переведено 124 промышленных предприятия, из них в Перми было размещено 64. В городе производили двигатели для самолетов, артиллерийские орудия, стрелковое оружие и знаменитые «Катюши».

Послевоенные годы отмечены бурным развитием промышленности Пермской области. Происходило освоение нефтяных месторождений, залежей каменного угля. Прикамье стало регионом с мощной нефтеперерабатывающей индустрией, электротехнической промышленностью, машиностроением. Для дальнейшего развития промышленного потенциала региона Постановлением Совета Министров СССР в 1953 году был основан Молотовский горный институт, ныне Пермский национальный исследовательский политехнический университет.

Сегодня Пермский Политех - это один из ведущих и крупнейших технических вузов Российской Федерации, осуществляющий целевую подготовку и переподготовку кадров для высокотехнологичных отраслей экономики, выполнение исследований и разработок по целому ряду направлений науки, техники и технологий.

彼尔姆是歼击机发动机的主要供货地。伊万・阔日杜布与阿列克谢・马列西耶夫所驾驶的 LA-5 歼击机便安装了彼尔姆的发动机。

Пермь основной поставщик двигателей для истребителей. На истребителях ЛА-5, которыми управляли Иван Кожедуб и Алексей Маресьев, стояли пермские двигатели.

彼尔姆发动机厂（战争年代为"19 号发动机制造厂"）曾生产飞机发动机。1941 年往彼尔姆地区疏散了 6 家不同的企业。

Пермский моторный завод (в годы войны «Моторостроительный завод №19») производил двигатели для авиации. На его территорию в 1941 году было эвакуировано шесть различных предприятий.

战争时期发动机制造厂为苏联伊－16、伊－153、拉－5、拉－7歼击机和苏－2、苏－4、图－2轰炸机生产了 30 000 余台发动机。
За военные годы на Моторостроительном заводе было выпущено более 30000 моторов для советский истребителей И-16, И-153, Ла-5, Ла-7 и бомбардировщиков Су-2, Су-4, Ту-2.

工人们在彼尔姆发动机厂制造飞机发动机。
Рабочие создают авиационный мотор на Пермском моторостроительном заводе.

彼尔姆发动机制造厂 12 岁的铣工和成人一起加工前线必需品。1943 年，莫洛托夫。

12-летний фрезеровщик Пермского моторостроительного завода наравне со взрослыми доводил выработку необходимой фронту продукции. 1943 г., Молотов.

莫洛托夫一家企业的工厂委员会成员们在为西北方面军的战士们捆扎礼物。1942 年，莫洛托夫。

Члены заводского комитета одного из предприятий Молотова во время комплектации подарков бойцам Северо-Западного фронта. 1942г., Молотов.

1945 年 4 月 20 日 11 点 30 分打响了攻打柏林的第一炮。首先开炮的就是建造于莫洛托夫市的口径为 122 毫米的 551 式莫托维利哈炮。它现在存放于列宁格勒炮兵军事历史博物馆内。

20 апреля 1945 года в 11.30 произведен первый артиллерийский огонь по Берлину. Его открыло Мотовилихинское 122-миллиметровое орудие №551 построенное в г.Молотов. Теперь оно хранится в Ленинградском военно-историческом музее артиллерии.

Gubkin Russian State University of Oil and Gas

俄罗斯国立石油天然气大学

战争时期是学校建校以来最艰难的时期。大多数的学生和老师都加入战争队伍，有的直接参加前线战斗，有的作为志愿者，有的进入后方游击队。许多老师参加了莫斯科和斯摩棱斯克保卫战防御工事的修建工作。教室和学院的大厅被改造成了机械制造车间，用以完成军事订货。

学校全体员工决定自愿被国防委员会应征入伍，并执行国家国防委员会的各项任务。在战争时间，莫斯科古布金石油学院的学者们发现了 34 个油气田，并在生产中应用了许多发明。

1941 年秋天，莫斯科及周边局势日益紧张，苏联政府决定疏散首都各高校。莫斯科古布金石油学院转移到乌法的工人村。尽管乌法 11 月份的条件非常恶劣，气温达到了零下 40~50 摄氏度，但是学校还是开始上课了。这一年秋天学校有 150 名毕业生，在他们之中不乏未来石油领域的领军人物，比如格洛沙夫、明戛列夫、科学博士及国家奖获得者史比利曼、克卢博夫和戈雅捷凯尼德尔。

战争年代学生的教育工作也没有停滞，不仅在乌法，在莫斯科也同时进行。学生人数增长了一倍。1942 年招生工作不仅在莫斯科和乌法得以实现，同时在斯捷尔利塔马克和伊希姆拜也成功进行。开始培养新专业“矿物勘探地球物理方法论”方向的人才。战争期间莫斯科古布金石油学院共培养了大约 1 000 名工程师。

在莫斯科设有该学院的分校，这里招来了很多老师和学生。为了适应战争年代的要求，教学计划也进行了修订：缩短假期和考试时间，学生在教室和实验室工作时间增至 7 小时，在教学实践工厂内增至 8 小时。所有学生和老师都需要通过军事以及防空与防化学武器的课程，并且改变了科研选题，将全部精力都集中到国防问题上来。

1943 年主校迁回莫斯科。同时乌法还保留着莫斯科石油学院的分校。1948 年，在该分校基础上于成立了乌法石油学院。

因为完成了政府的任务，培养了大批工程技术人才，石油学院全体员工的工作被给予高度评价。1945 年 5 月 26 号，在建校 15 周年之际，苏维埃最高主席团颁布命令，对古布金莫斯科石油学院颁发红旗劳动勋章。学校 42 名教授、老师、员工被授予了各项奖章。

Российский государственный университет нефти и газа имени И.М. Губкина

Годы войны стали одним из самых тяжелых периодов в жизни института. Многие студенты и преподаватели ушли на фронт и по мобилизации и добровольцами или вступили в народное ополчение, воевали в партизанских отрядах. Студенты и преподаватели участвовали в строительстве оборонительных сооружений под Москвой и возле Смоленска. Аудитории и залы института в Москве (Б. Калужская,6) были переоборудованы в казармы, механические мастерские выполняли военные заказы.

Коллектив вуза принял решение считать себя мобилизованным на выполнение любого задания Государственного Комитета Обороны. С участием ученых МНИ им. И.М. Губкина за годы войны было открыто 34 месторождения нефти и газа, внедрены в производство многие изобретения.

Осенью 1941 г. ситуация вокруг Москвы становилась все более угрожающей, и советское правительство приняло решение об эвакуации московских высших учебных заведений. МНИ имени И.М.Губкина эвакуировался в Уфу в Соцгородок. Температура воздуха в Уфе опускалась до 40 - 50 градусов, но, несмотря на тяжелые условия в ноябре уже начались занятия. Этой же осенью на производство институт направил 150 дипломников. Среди них будущие руководители нефтяной промышленности Н. В. Грозов, Р. Ш. Мингареев, О. А. Кгаторов, будущие доктора наук, лауреаты Государственных премий И. А. Шпильман, В. А. Клубов, А. А. Геодекянидр.

В годы войны продолжалось обучение студентов как в Уфе, так и в Москве. Число студентов за годы войны увеличилось в 2 раза. В 1942 году прием в вуз осуществлялся как в Москве и Уфе, так и в Стерлитомаке и Ишимбаево. Была начата подготовка по новой специальности «Геофизические методы разведки полезных ископаемых». Всего за военные годы в стенах МНИ им. Губкина было подготовлено около 1000 инженеров.

В Москве работал филиал института, куда были отозваны многие преподаватели и студенты-дипломники. В соответствии с условиями военного времени корректировались Учебные планы: сокращалась продолжительность каникул и экзаменационных сессий, рабочий день студентов в аудиториях и лабораториях увеличивался до семи часов, а в учебных мастерских - до восьми. Все студенты и преподаватели должны были пройти курс военного дела и ПВХО. Перестраивалась и тематика научно-исследовательской работы - все внимание концентрировалось на оборонных проблемах.

В 1943 году началась реэвакуация вуза в Москву. В Уфе остался филиал МНИ, на базе которого в 1948 году был организован Уфимский нефтяной институт.

Работа коллектива нефтяного вуза была высоко оценена. За успешное выполнение правительственных заданий по подготовке инженерно-технических кадров и к 15-летию вуза Указом Президиума Верховного Совета СССР от 26 мая 1945 года МНИ им. И. И. Губкина был награжден орденом Трудового Красного Знамени. 42 профессора, преподавателя и сотрудника вуза были отмечены орденами и медалями.

1 2
3 4

学生在建设莫斯科要冲方向的木质反坦克防御工事。1941 年夏。
Студенты на строительстве деревянных противотанковых оборонительных сооружений на подступах к Москве. Лето, 1941 год.

苏联歼击机在保护莫斯科的领空。1941 年。
Советские истребители на защите московского неба в 1941 году.

卡卢加广场上的热气艇。1941 年。
Аэростаты на Калужской площади. 1941 год.

莫斯科依然安好！卡卢加广场，1941 年冬。
Москва живет! Калужская площадь, зимой 1941 года.

莫斯科居民在建设卡卢加广场的防卫隔离设施。1941 年冬。

Жители Москвы на строительстве заградительных сооружений на Калужской площади. Зима, 1941 года.

自卫队中的莫斯科古布金石油学院的学生。莫斯科，高尔基文化公园。1941 年。

Студенты МНИ им. И.М. Губкина в отрядах самообороны. Москва, парк культуры имени М. Горького, 1941 год.

莫斯科古布金石油学院地质专业 38– Г –1 班的学生在上军事课。

Группа студентов-геологов (38-Г-1) МНИ им. И.М. Губкина на военных занятиях

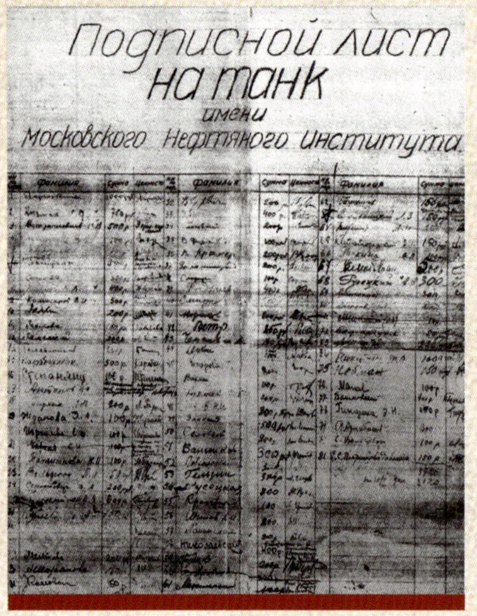
Подписной лист
на танк
имени
Московского Нефтяного Института

莫斯科石油学院的捐赠坦克签名单。
Подписной лист на танк имени Московского нефтяного института.

T.A. 拉宾斯卡娅在给地质系学生上课。1943 年。
Лапинская Т.А. проводит занятия со студентами-геологами. 1943 год.

莫斯科古布金石油学院地质勘探和技术系毕业生和军事学院的学员会面。1942 年。
Встреча бывших студентов геологоразведочного и технологического факультетов МНИ им. Губкина и слушателей Военных академий. 1942 год.

1 2
3 4

莫斯科古布金石油学院在乌法的建筑（教学楼）。1942 年。
Здание МНИ им. И.М. Губкина (учебный корпус) в Уфе. 1942 год.

“五一”游行中的莫斯科古布金石油学院师生。乌法，1943 年。
Коллектив МНИ им. Губкина на первомайской демонстрации. Уфа, 1943 год.

莫斯科古布金石油学院的学生在上军事培训课。乌法，1942 年。
Студенты МНИ им. Губкина на занятиях по военной подготовке. Уфа, 1942 год.

为前线生产石油！石油工人在零下 50 摄氏度的环境下作业。1943 年冬。
Нефть – фронту. Нефтяники работали в 50 градусный мороз. Зима 1943 года.

管道建设。1942~1943 年。

На строительстве трубопроводов. 1942-1943 гг.

СМЕРТЬ НЕМЕЦКИМ ОККУПАНТАМ!

Благодарственная грамота

Фамилия, имя, отчество Флоренскому Кириллу Павловичу

Воинное звание в. старшина

Приказом Верховного Главнокомандующего Маршала Советского Союза товарища СТАЛИНА от 2 Мая 1945 г. № 359 за взятие БЕРЛИНА всему личному составу нашего соединения, в том числе и Вам, принимавшему участие в боях, ОБ'ЯВЛЕНА БЛАГОДАРНОСТЬ.

КОМАНДИР ЧАСТИ

Блестящие победы, одержанные советскими войсками в Великой Отечественной войне, показали богатырскую мощь Красной Армии и ее высокое воинское мастерство. Наша Родина в ходе войны получила первоклассную кадровую армию, способную отстоять великие социалистические завоевания нашего народа и обеспечить государственные интересы Советского Союза.
И. СТАЛИН.

Красное, желтое, голубое
Пламя ракет над Кремлем струится,
Это приветствует нас с тобою
Нашей свободной страны столица.

因攻下柏林授予莫斯科古布金石油学院学生基里尔·巴甫洛维奇· 弗洛连斯基的嘉奖状。1945 年。

Благодарственная грамота за взятие Берлина, выданная студенту МНИ им. И.М. Губкина Кириллу Павловичу Флоренскому. 1945 год.

燃料——同样是胜利的武器！

Горючее – это тоже оружие Победы.

《捍卫莫斯科！》宣传画。
1941 年。

«Отстоим Москву». Плакат,
1941 год.

明信片《走向胜利》。1944 年。

Почтовая открытка «К Победе идем». 1944 года

贺卡《胜利日快乐》。
1945 年。

Поздравительная открытка «С
днем Победы». 1945 год.

Samara State Aerospace University

萨马拉国立航空航天大学

以 С.П. 科罗廖夫院士命名的萨马拉国立航空航天大学成立于 1942 年，原名古比雪夫航空学院。1941 年 10 月苏联的最高委员会、苏维埃和党政府机构以及外交使馆被疏散到古比雪夫（现在的萨马拉），古比雪夫成为当时苏联的陪都。同时，数十个航空企业也被疏散到该市，用于组织生产伊尔 -2 强击机（二战期间生产数量最多的飞机）。战争前线需要飞机，工厂需要高度熟练的技术人才，为了培训所需工程人员，萨马拉国立航空航天大学成立了。

在战争时期，学院的全体工作人员都参与到口号为“一切为了前线，一切为了胜利！”的支援前线的全国性运动中来。学院的科学家们给予了航空制造工厂非常宝贵的帮助，不仅是在教育培训方面，还在解决实际生产问题、创新设计、技术支持和组织生产的具体问题上有很大帮助。

学院筹集资金成立了“伏尔加共青团员”和“瓦列里·契卡洛夫”中队，受到了最高指挥官斯大林的嘉奖。

Самарский государственный аэрокосмический университет имени академика С.П.Королева

Самарский государственный аэрокосмический университет имени академика С.П. Королёва (СГАУ) был открыт в 1942 году как Куйбышевский авиационный институт (КуАИ). В октябре 1941 года в Куйбышев (ныне - Самара) были эвакуированы Верховный Совет, партийные и правительственные учреждения СССР, дипломатические миссии. Куйбышев стал запасной столицей СССР. В это же время в город были эвакуированы десятки предприятий авиационной промышленности. Здесь было организовано производство штурмовиков Ил-2 – самого массового самолёта второй мировой войны. Фронту требовались самолёты, заводам – высококвалифицированные специалисты. Для подготовки инженерных кадров построили Самарский аэрокосмический университет.

В условиях военного времени весь коллектив института включился во всенародное движение по оказанию помощи фронту под девизом «Всё для фронта, всё для Победы!». Учёные института оказали предприятиям авиационной промышленности неоценимую помощь не только в подготовке специалистов, но и в решении конкретных проблем производства, создании и внедрении новых конструкторских разработок, технологий и организации производства.

За сбор средств для создания эскадрилий «Волжский комсомолец» и «Валерий Чкалов», институт получил благодарность Верховного Главнокомандующего И.В. Сталина.

索伊费尔·亚历山大·米洛诺维奇，1942年7~11月期间在古比雪夫航空学院任代理院长，1942~1947年任主管教学的副院长，工学副博士，副教授。

Александр Миронович Сойфер. Исполняющий обязанности директора КуАИ с июля по ноябрь 1942 года, заместитель директора КуАИ по учебной и научной работе 1942-1947 гг., к.т.н., доцент.

费奥多尔·伊万诺维奇·斯捷比霍夫，工学副博士，副教授。1942年12月~1956年期间任古比雪夫航空学院院长。

Федор Иванович Стебихов. Директор КуАИ 12.1942 – 1956 гг.,к.т.н., доцент.

弗谢沃洛德·约瑟夫维奇·普佳塔，工学副博士，副教授。1942~1947年任飞机制造系主任。

Всеволод Иосифович Путята. Декан факультета самолетостроения 1942-1947 гг., к.т.н., доцент.

阿尔卡季·约瑟夫维奇·诺伊马尔克，工学副博士，副教授。1942~1945年任航空发动机制造系系主任。

Аркадий Иосифович Popejмарк. Декан факультета авиационного моторостроения 1942-1945 гг., к.т.н., доцент.

1945 年，毕业设计答辩。答辩由国家考试委员会主席——以斯大林命名的第一工厂厂长（空军少将）В.Я. 李特维诺夫主持。
1945 год. Защита дипломного проекта. Заседание государственной экзаменационной комиссии под председательством генерал-майора авиационной службы В.Я. Литвинова, директора завода №1 имени И.В.Сталина

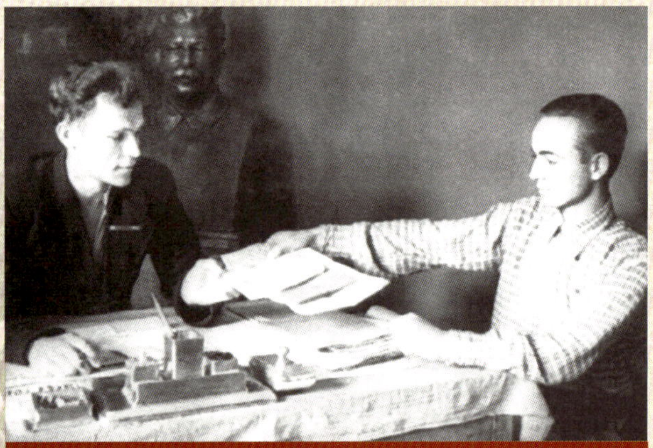

在进入古比雪夫航空学院学习的学员中有很多经历过残酷战争的前线战士。他们中的很多人，完成学业后留在学院工作。这其中就有后来的古比雪夫学院院长维克托・巴甫洛维奇・卢卡乔夫。图中的 В.П. 卢卡丘夫（左）在招生委员会面试报考的学生。
Среди поступивших в КуАИ было немало фронтовиков, прошедших суровую школу войны. Многие из них, закончив учебу остались работать в институте. В их числе – будущий ректор КуАИ Виктор Павлович Лукачев. На фото: В.П. Лукачёв (слева) в приемной комиссии беседует с будущим студентом.

1942 年 10 月 1 日，古比雪夫航空学院为第一批 566 名学生开设课程，这是古比雪夫航空学院的教学与行政一号楼，摄于 1942 年。
1 октября 1942 года начались занятия для первых 566 студентов КуАИ. На фото : 1942 год. Учебно-административный корпус №1 КуАИ.

1 2
3 4

↑

飞机设计课程
Занятия в классе конструкции самолета

古比雪夫航空学院二号实验楼
Лабораторный корпус №2 КуАИ

在“材料力学”课上
На лекции по сопротивлению материалов

发动机课
В моторном классе

1944 年 9 月，为了给苏联空军培养预备役军官，古比雪夫航空学院成立了军事教研室。军事教研室基地位于国防协助部军事器材库前机场的训练机场。培训的主要形式是发动飞机发动机和了解其运行规范的实践。图中的学生在学习飞机材料。

В сентябре 1944 года при КуАИ была создана военная кафедра по подготовке офицеров запаса для военно-воздушных сил СССР. Базой военной кафедры являлся учебный аэродром и отделение газовочных самолётов (ОГС), которые располагались на территории бывшего аэродрома ОСОВИАХИМа. Основной формой подготовки являлось практическое обучение запуску и отработке режимов работы двигателей самолётов. На фото: студенты изучают материальную часть самолета.

除了在军事教研室培训技术操作工，还要储备飞行导航员。学生要通过传奇飞机 Y-2 的导航培训。

Помимо резерва техников-эксплуатационников на военной кафедре готовили резерв авиационных штурманов. Студенты проходили штурманскую подготовку на легендарных ПО-2 (У-2).

1941 年 11 月 7 日，在莫斯科举行了阅兵仪式，同时在古比雪夫也组织了阅兵。这是 1941 年 11 月 7 日在古比雪夫阅兵仪式上的外国驻俄武官。

7 ноября 1941 года, одновременно со знаменитым парадом в Москве, состоялся военный парад в Куйбышеве. На фото : Военные атташе иностранных государств на параде 7 ноября 1941 года в Куйбышеве.

1941 年 11 月 7 日古比雪夫阅兵仪式中的阅兵队伍

Участники военного парада в Куйбышеве 7 ноября 1941 года

萨马拉市拉辛路 108 号，在战争期间中国驻俄罗斯大使馆坐落于此。

г. Самара, ул. С. Разина, д.108. В этом здании в годы войны располагалось посольство Китая.

战争期间在古比雪夫建造了一个秘密地下设施，用作苏联最高指挥官斯大林的后备指挥部，被称为“斯大林地下掩体”。

В годы войны в Куйбышеве был построен секретный подземный объект, созданный в качестве резервного местонахождения ставки Верховного Главнокомандующего Вооружёнными силами СССР И. В Сталина «Бункер Сталина».

伊尔 –2 强击机是首席设计师 C.B. 伊柳辛设计的，其为苏联空军最主要的机型。

Штурмовик Ил-2 главного конструктора С.В. Ильюшина был основной ударной силой военно-воздушных сил СССР.

战争期间在古比雪夫生产了大约 27 000 架伊尔 –2 和伊尔 –10 强击机。以 K.E. 伏罗希洛夫命名的第十八飞机工厂车间正在组装伊尔 –2 强击机。

За годы войны в Куйбышеве было построено почти 27 тысяч самолетов-штурмовиков Ил-2 и Ил-10. Сборка штурмовиков Ил-2 в цехе авиационного завода №18 имени К.Е. Ворошилова.

1942 年，在以斯大林命名的第一飞机制造厂车间内。

В цехе авиазавода №1 имени И.В. Сталина. 1942 год.

德国绘制的古比雪夫市无名区航拍地图，1942 年。红色表示带跑道的机场、飞机引擎制造厂和飞机部件制造厂。

Немецкая карта аэрофотосъёмки г. Куйбышева, район Безымянка, 1942 год. Красным выделены авиационные заводы с взлетными полосами, авиамоторостроительный завод и агрегатные авиазаводы.

Saint Petersburg Electrotechnical University "LETI"

圣彼得堡国立电工大学

伟大的卫国战争始于1941年6月，列宁格勒电子技术学院许多教职员工、学生奔赴前线，为了保卫祖国很多人在战斗中牺牲了。

列宁格勒电子技术学院的部门原来分散在各地——经历严酷考验后大部分人员分散在塔什干、沃洛格金教授的高频电子实验室在车里亚宾斯克、索科洛夫教授的电声学与音频技术实验室在高尔基市（现下诺夫戈罗德）。灵柯维奇教授领导的学术团队留守在被围困的列宁格勒。1942年4月，在封锁的列宁格勒基于当时学院的条件，凭借灵柯维奇教授的努力建立了隶属于造船工业委员会的研究所，它完成了船舶设备电气装置的重装和维修工作。阿列克谢耶夫教授在拉多加湖花费毕生精力组织了船舶及缆绳的金属结构焊接工作。

1943年10月，列宁格勒电子技术学院恢复了各项工作。1944年1月，为了毕业论文答辩，高年级学生返回已解除封锁的列宁格勒。1944年春，列宁格勒电子技术学院的全日制教学部录取了战争年代的中学毕业生。

学院的回迁和众多复员军人的恢复学习同时展开，在严酷战争考验中积累了丰富阅历的全体人员投入到恢复教学和实验室设施的工作中。

伟大的卫国战争期间（1941~1945年）列宁格勒电子技术学院共培养了617名专家。

Санкт-Петербургский государственный электротехнический университет «ЛЭТИ» имени В.И. Ульянова (Ленина)

В июне 1941 года началась Великая Отечественная война. Многие преподаватели, сотрудники и студенты института ушли на фронт. Многие сложили свои головы в боях за Отечество.

Подразделения ЛЭТИ оказались раздробленными: основной коллектив после тяжелых испытаний оказался в Ташкенте, лаборатория высокочастотной электротермии профессора В.П. Вологдина – в Челябинске, лаборатория электроакустики и звуковой техники профессора С.Я. Соколова – в Горьком (Нижний Новгород). В осажденном Ленинграде оставалась группа ученых под руководством профессора С.А. Ринкевича. В апреле 1942 г. усилиями профессора С.А. Ринкевича в осажденном Ленинграде при ЛЭТИ было создано Бюро научно-исследовательских работ Наркомата судостроительной промышленности, выполнявшее работы по переоборудованию и ремонту электрических устройств судового оборудования. Профессор А.А. Алексеев на Ладоге организовал работы по сварке металлических конструкций причалов и судов, работавших на Дороге жизни.

Занятия в ЛЭТИ возобновились в октябре 1943 г.В январе 1944 г. после снятия блокады города в Ленинград вернулись старшекурсники для защиты дипломных проектов. Весной 1944 г. дневное отделение ЛЭТИ приняло выпускников школ военных лет.

Возвращение института в родной город совпало с возобновлением учебы для многих демобилизованных воинов. Коллектив, накопивший богатый жизненный опыт в суровых военных испытаниях, приступил к восстановлению своей учебно-лабораторной базы.

列宁格勒电子技术学院高年级的学生——红军志愿兵（彼得格勒人民军军团，1941 年 7 月）。
Студенты старших курсов ЛЭТИ – добровольцы Красной Армии (полк Народного Ополчения Петроградской стороны, июль 1941 года).

列宁格勒电子技术学院的众多学生志愿军参加过卡累利阿地峡战役。
Многие студенты-добровольцы ЛЭТИ участвовали в боях на Карельском перешейке.

在战争初期列宁格勒电子技术学院电气设备教研室的副教授涅斯捷罗夫（中间）。
Доцент кафедры электрических машин ЛЭТИ Б.Нестеров (в центре) в первые месяцы войны.

在圣彼得堡国立电技术大学校园内历史博物馆中有伟大的卫国战争时期"特里布茨"海军上将地堡的模型，荣膺红旗勋章的波罗的海舰队的司令部曾经设置在地堡内。

Макет бункера адмирала Трибуца времен Великой Отечественной войны на территории ЛЭТИ, в котором размещался штаб Краснознаменного балтийского флота. Макет находится в историческом музее СПбГЭТУ «ЛЭТИ».

在5月9日胜利日，向在伟大的卫国战争中阵亡的列宁格勒电子技术学院的师生纪念碑献花。

9 мая – День Победы. Возложение цветов к памятнику студентам и преподавателям ЛЭТИ, погибшим в годы Великой Отечественной войны.

圣彼得堡国立电子技术大学（列宁格勒电子技术学院）校长弗拉基米尔·米哈伊洛维奇·库图佐夫和学校功勋教授尤里·米哈伊洛维奇·卡扎里诺夫，该教授参加过伟大的卫国战争，是俄罗斯最著名的无线电专家之一。

Ректор СПбГЭТУ «ЛЭТИ» профессор В.М. Кутузов и участник Великой Отечественной войны, один из крупнейших радиоспециалистов России, заслуженный профессор СПбГЭТУ «ЛЭТИ» Ю.М. Казаринов.

抗战老兵们和参加全俄罗斯纪念“不朽的军团”活动的圣彼得堡国立电子技术大学学生们在“胜利日”集会。学生们手持着参加过伟大的卫国战争自己亲人的相片。

Ветераны войны и студенты СПбГЭТУ «ЛЭТИ» на митинге в День Победы, участники всероссийской акции «Бессмертный полк». Студенты держат фотографии своих родственников – участников Великой Отечественной войны.

在无线电日圣彼得堡国立电子技术大学军事教研室的学生们在第一任校长、无线电发明者亚历山大·斯塔帕诺维奇·波波夫纪念碑前集会。

Студенты военной кафедры СПбГЭТУ «ЛЭТИ» на праздничном митинге в День Радио у памятника первому выборному директору университета изобретателю радио А.С. Попову.

УНИВЕРСИТЕТ ИТМО ITMO University

圣彼得堡国家信息技术、机械学与光学研究型大学

1941 年 6 月 22 日，第二次世界大战爆发。随后，列宁格勒国立精密机械和光学学院（今圣彼得堡国家信息技术、机械学与光学研究型大学）的 189 名学生和 85 名学校教职工提交了赴前线申请。

在这段困苦和悲伤的日子里，担任校长的是谢尔盖·亚历山大耶维奇·西卡诺夫。伟大的卫国战争期间，他作为学校的领导，承担了指导师生向西伯利亚疏散、疏散后的遣返、战后恢复以及学校的发展工作。

1941 年 7 月初，学校 450 名学生和教职工加入了十月革命区的民兵队伍。炮兵团的伤亡很大，人员和技术设备的损失也十分严重。光学仪器经常损坏。

1941 年秋天，列宁格勒国立精密机械和光学学院成为列宁格勒军区 75 号炮兵修理基地的分支机构（后来成为列宁格勒前线的修理基地）。教研室的全体实验人员和机械专家、科学研究站的许多教师和职员以及资深的实验室职员都在这里工作。他们从事修理光学观察仪器和瞄准装置的工作，制造“喀秋莎火箭炮”最为复杂的喷嘴部分以及炮弹、地雷与引信的零件，研制高射瞄准装置。

1945 年 5 月 9 日，第二次世界大战结束。国家开始了和平建设。然而，许多学生再也没有从前线归来，教学人员的伤亡也很大，还有学校教学生产车间的许多工人也没能返回到自己的工作岗位。

Санкт-Петербургский государственный университет информационных технологий, механики и оптики

22 июня 1941 года началась война, после того 189 студентов и 85 сотрудников ЛИТМО подали заявления с просьбой отправить их на фронт.

Директором на протяжении всего этого сложного и трагического периода был Сергей Александрович Шиканов. На его долю выпало руководство институтом в годы Великой Отечественной войны, эвакуация в Сибирь, реэвакуация, послевоенное восстановление и развитие вуза.

В начале июля 1941 года 450 студентов и сотрудников института влились в состав народного ополчения Октябрьского района. Особенно большие потери приходились на артиллерию; велики были потери – людей и техники. Часто выходили из строя оптические приборы.

Осенью 1941 года, ЛИТМО стал филиалом артиллерийской рембазы №75 ЛВО (позже ставшей рембазой Ленфронта). Все лаборанты и механики кафедр, многие преподаватели и работники НИСа, сотрудники и рабочие экспериментальных мастерских были объединены здесь ремонтировать оптические наблюдательные и прицельные приборы, изготавливать сложную – сопловую часть снаряда «для катюши», а также некоторые детали для мин и взрывателей.

9 мая 1945 года война закончилась. Страна приступила к мирному труду. Не вернулись с войны многие студенты, большие потери были среди профессорско-преподавательского состава, не пришли на свои рабочие места многие рабочие и служащие УПМ.

战争时期的列宁格勒国立精密机械和光学学院院长谢尔盖·亚历山大罗维奇·西卡诺夫坐在自己的办公桌旁。1942年摄于列宁格勒。
Директор ЛИТМО военной поры Сергей Александрович Шиканов за своим рабочим столом в институте. Ленинград, 1942 год.

摘自列宁格勒国立精密机械和光学学院1940年毕业生相册。共青团团委书记格里戈里·戈罗季斯基，1941~1945年间在前线作战。
Из альбома выпускника ЛИТМО 1940 года. Секретарь комитета комсомола – Григорий Городинский, в 1941-45 годах воевал на фронтах ВОВ.

整个列宁格勒封锁期间，莉莉娅·谢尔盖耶夫娜·斯米尔诺娃都在列宁格勒国立精密机械和光学学院的维修基地工作。

Лилия Сергеевна Смирнова всю блокаду работала в ремонтной базе ЛИТМО.

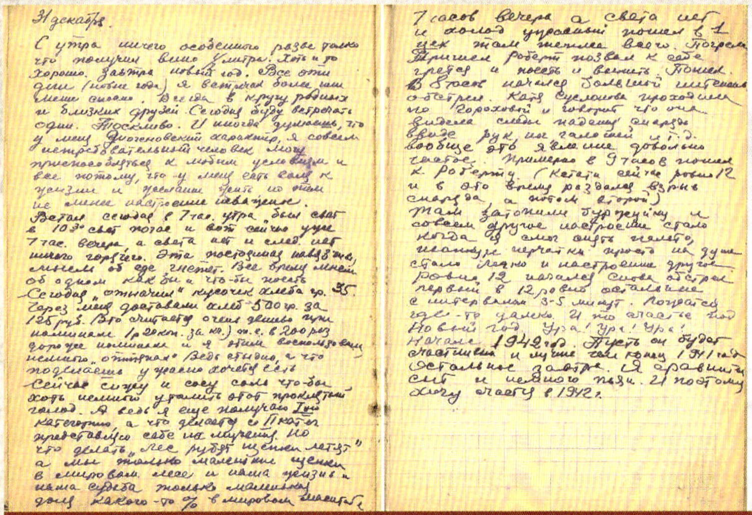

31 декабря.

这是列宁格勒国立精密机械和光学学院学生手册中的一篇日志，写于1941年12月31日，作者为阿纳托利·阿列克谢耶维奇·扎别林。

Страница за 31 декабря 1941 года из блокадного дневника доцента ЛИТМО Анатолия Алексеевича Забелина.

列宁格勒国立精密机械和光学学院的民兵奔赴前线前拍照留念。1941 年。

Фотография на память: группа ополченцев ЛИТМО перед отъездом на фронт Фотография 1941 г.

学院教学楼前。1942 年摄于列宁格勒。

Во дворе корпуса института на пер. Ленинград. 1942 г.

列宁格勒国立精密机械和光学学院的大学生运动员，在新西伯利亚州切列帕诺沃疏散时期。照片拍摄于 1943 年。

Студенты-спортсмены ЛИТМО в эвакуации в городе Черепаново Новосибирской области, 1943 год.

“高射光镜一号” 高射光学瞄准镜。该瞄准镜诞生于 1941~1942 年列宁格勒封锁时期的冬季，由谢苗诺夫・托比萨维奇・楚克尔曼教授在列宁格勒国立精密机械和光学学院维修基地研制。图为战时照片。

Зенитный оптический прицел «ЗП-1», разработанный в ЛИТМО в блокадную зиму 1941-42 годов в ремонтной базе профессора Семеном Тобиасовичем Цуккерманом. Его военное фото.

列宁格勒国立精密机械和光学学院的教师和职员们，在新西伯利亚州切列帕诺沃疏散时期。照片拍摄于 1943 年。

Группа преподавателей и сотрудников ЛИТМО в эвакуации в городе Черепаново Новосибирской области, 1943 год.

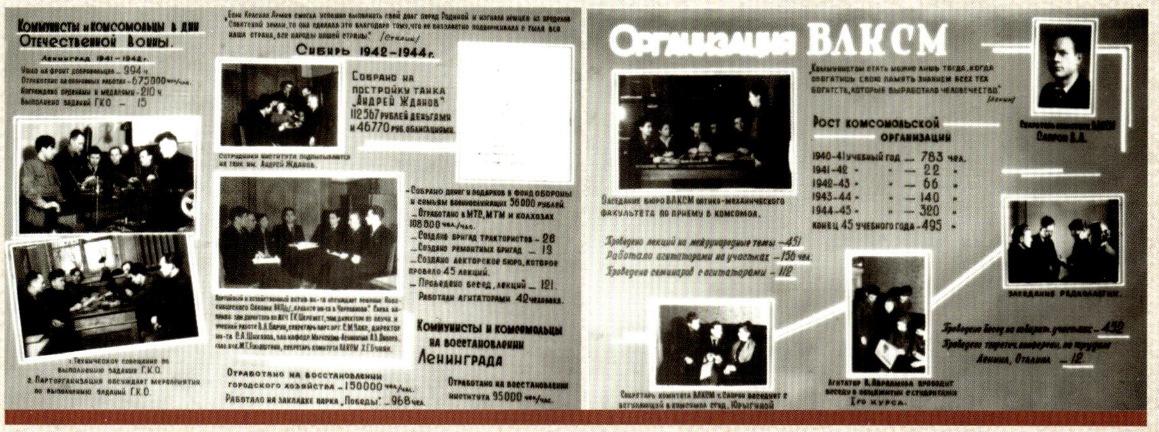

1945 年列宁格勒国立精密机械和光学学院的照片展架
Фотографии стендов о ЛИТМО 1945 года

战争期间，在列宁格勒制冷工业学院学习的毕业生照片。
Фотография выпуска студентов, обучавшихся в Ленинградском институте холодильной промышленности в военные годы.

ПОЛИТЕХ

Peter the Great St. Petersburg Polytechnic University

彼得大帝圣彼得堡工业大学

伟大的卫国战争刚一开始，学院的师生就奋力保卫祖国。数百名学生和职工筑起了防御工事。工业学院（今彼得大帝圣彼得堡工业大学，更名于 2015 年春）周围布满了刺铁丝网和火力点。学院的许多教学楼被当作重型坦克射击通信员培训学校和军事医院。学院的小工厂也转而生产军事订单，几十名科学家调到了市国防企业。

列宁格勒 900 天封锁始于 1941 年 9 月 8 日。饥饿也随即开始了。拉多加湖上的“生命之路”挽救了被封锁的列宁格勒居民。学院师生为建设“生命之路”做出了巨大的贡献，他们提出了理论上最安全的方式来利用湖面冰层运输物资。

伟大的卫国战争期间有 4 800 名师生在前线作战。学院师生和职工组建了一个歼击营和一个游击队。登山运动员和滑雪运动员小组被编入第一独立山地射击旅和北方舰队。许多人被授予了“苏联英雄”称号。

工业学院在为伟大的卫国战争胜利生产武器起到了巨大的作用。许多学院的工程师，包括科学家、设计师、发明家以及国防工业和国家领导人的名字都被载入了历史。

彼得大帝圣彼得堡工业大学的学生和教职工永远都不会忘记学院工程师在伟大的卫国战争期间立下的战斗功勋和劳动功绩！

Санкт-Петербургский политехнический университет Петра Великого

С первых дней Великой Отечественной войны политехники отдавали все силы защите Родины. Сотни студентов и сотрудников строили оборонительные сооружения. Политехнический институт (переименован в Санкт-Петербургский политехнический университет Петра Великого весной 2015г.) был окружен колючей проволокой и огневыми точками. В корпусах института разместилась школа стрелков-радистов тяжелых танков и госпиталь. Институтские мастерские перестроились на выполнение военных заказов, десятки ученых перешли на оборонные предприятия города.

8 сентября 1941 года началась 900 дневная Блокада Ленинграда. Начался голод. Жителей блокадного Ленинграда спасла ледовая Дорога жизни через Ладожское озеро. Неоценимый вклад в создание Дороги жизни внесли политехники, теоретически обосновавшие наиболее безопасные режимы эксплуатации ледяного покрова озера.

В годы Великой Отечественной войны на фронтах сражались 4800 политехников.Из студентов, преподавателей, рабочих и служащих института были созданы истребительный батальон и партизанский отряд. Группа альпинистов и лыжников вошла в состав 1-й отдельной горно-стрелковой бригады и в состав Северного флота. Ряд политехников был удостоен звания Героя Советского Союза.

Политехнический институт сыграл огромную роль в становлении и развитии военной промышленности, создававшей оружие Великой победы. В историю России вписаны имена политехников — ученых, конструкторов, изобретателей и руководителей оборонной промышленности и государства.

Память о боевом и трудовом подвиге политехников в годы Великой Отечественной войны будет вечно жить в сердцах студентов и сотрудников Санкт-Петербургского политехнического университета Петра Великого.

科别科·帕维尔·巴甫洛维奇（1897—1954），列宁格勒工业学院教授，列宁格勒物理技术研究所成员。1941~1942 年间领导列宁格勒工程师小组完成了对拉多加湖冰层振动的计算，该研究成果可保证在共振情况发生时，使掉入冰层的汽车数量降到最低。

Кобеко Павел Павлович (1897–1954), профессор Политехнического и одновременно сотрудник Физико-Технического институтов. В 1941-1942 гг. руководил группой ленинградских инженеров, выполнивших расчеты по колебаниям ледяного покрова Ладожского озера, позволивших снизить до минимума количество проваливающихся под лед машин вследствие явления резонанса.

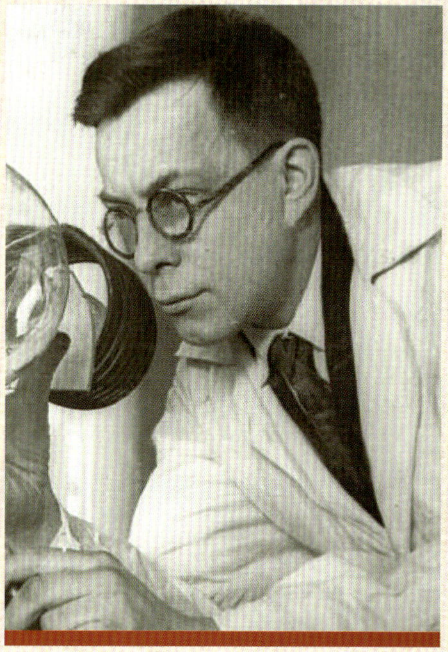

齐姆巴林·弗拉基米尔·弗拉基米罗维奇（1906—1950），列宁格勒工业学院副教授。他曾领导无线电物理学教研室，研究方向：军事（空中领航仪表）和军事医学（用高频电流对包扎材料进行消毒的超高频设备）。

Цимбалин Владимир Владимирович (1906–1950) Доцент Ленинградского Политехнического Института. Возглавляя кафедру Радиофизики руководил различными разработками, как военного (приборы для аэронавигации), так и военно-медицинскими (установка УВЧ для стерилизации перевязочных материалов токами высокой частоты.)

洛伊茨扬斯基·列夫·格拉西莫维奇（1900–1991），列宁格勒工业学院教授，空气动力学教研室的创始人。1941—1942 年间根据近卫迫击炮部队军备管理局的委托，解决了提高火箭弹射击密集度的问题。

Лойцянский Лев Герасимович (1900–1991) - профессор, основатель кафедры Гидроаэродинамики Ленинградского Политехнического Института. В 1941-1942 гг. занимался решением проблемы повышения кучности реактивных снарядов по поручению Управления вооружения гвардейских минометных частей.

科什金·米哈伊尔·伊万诺维奇，列宁格勒工业学院 1934 届毕业生，T–34 型坦克总设计师，牺牲后被授予“苏联英雄”称号。

Кошкин Михаил Иванович, выпускник Ленинградского Политехнического Института 1934 г., главный конструктор танка Т-34, посмертно Герой Советского Союза.

列宁格勒工业学院本科生薇拉·费奥多罗夫娜时任斯莫尔斯克区的射击指导员。1942年摄于列宁格勒。

Студентка Ленинградского Политехнического Института Попова Вера Федоровна - инструктор по стрельбе Смольнинского района г.Ленинграда. 1942 г.

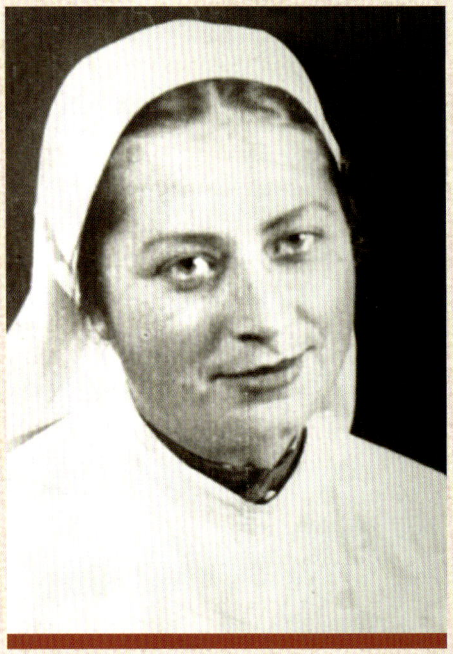

列宁格勒工业学院研究生莫罗佐娃·伊琳娜·弗拉基米罗夫娜。1941 年加入红军做志愿兵，封锁期间在位于亚历山大·涅夫斯基修道院的第 1170 军医院从事护士工作。

Аспирантка Ленинградского Политехнического Института Морозова Ирина Владимировна. В 1941 г. добровольцем вступила в Красную Армию, всю блокаду проработала медицинской сестрой в военном госпитале №1170, расположенном в Александро-Невской Лавре. Ленинград. 1943 г.

戈沃罗夫·列昂尼德·亚历山大罗维奇，列宁格勒工业学院本科生（1916 级），炮兵中将，列宁格勒战线指挥官（1942 年），“星火”战役（1943 年突破列宁格勒封锁的战役）设计者。苏联英雄，1944 年起任苏联元帅。

Говоров Леонид Александрович, студент Политехнического института (1916 г.), генерал-лейтенант артиллерии, командующий Ленинградским фронтом (1942 г.), разработчик операции «Искра» по прорыву Блокады Ленинграда в 1943 г. Герой Советского Союза. С 1944 г. маршал Советского Союза.

利亚金·维克多·亚历山大罗维奇（1908—1943），列宁格勒工业学院 1934 级毕业生。优秀的苏联侦察员，少校，逝世后被授予“苏联英雄”称号。

Лягин Виктор Александрович (1908–1943), выпускник Ленинградского Политехнического Института 1934 г. Выдающийся советский разведчик, майор, посмертно Герой Советского Союза.

列宁格勒战线第 42 军炮兵总部。一排最左坐着炮兵大尉普列特罗·格尔曼·亚历山大罗维奇（1918—2001），列宁格勒工业学院水利工程系 1941 级毕业生，曾与炮击列宁格勒的德国炮兵展开了反炮兵的战斗。战后任本校教授。

Штаб артиллерии 42-й Армии Ленфронта. Крайний справа в первом ряду сидит капитан Претро Герман Александрович (р.1918–2001), выпускник гидротехнического факультета 1941 г. участник контрбатарейной борьбы с немецкой артиллерией, обстреливавшей Ленинград. После войны - профессор Политехнического Института.

列宁格勒工业学院汽车机械系毕业生。在伟大的卫国战争期间，这批毕业生里的许多工程师赴前线作战，效力于国防工厂。

Выпускники Авто-механического факультета Ленинградского Политехнического Института. Многие инженеры из этого выпуска в годы Великой Отечественной войны воевали на фронтах, работали на оборонных заводах.

列宁格勒民兵第3师中的工程师志愿兵。1941年摄于列宁格勒。

Политехники-добровольцы в составе 3-й дивизии Ленинградской Армии Народного Ополчения. Ленинград. Июль 1941 г.

以列宁格勒工业学院为基地建立的射击通信员培训班的教师。1941年。

Преподавательский состав курсов стрелков-радистов, созданных на базе Политехнического Института . 1941 г.

列宁格勒工业学院的本科生——1942年在工业学院学习装甲坦克课程的学生。

Студенты Ленинградского Политехнического Института – слушатели бронетанковых курсов на территории Политехнического института. 1942 г.

第 56 歼击营中的工程师志愿兵。1943 年摄于列宁格勒。
Политехники-добровольцы в составе 56-го Истребительного батальона. Ленинград.1943 г.

材料力学实验室的学生。1944 年 9 月。
Студентки в лаборатории сопротивления материалов. Сентябрь 1944 г.

第 106 边防团中的工程师。1944 年。
Политехники в составе 106-го Пограничного полка. 1944 г.

1941 年 9 月 7 日经受轰炸之后的列宁格勒工业学院主楼。
Главное здание Политехнического Института после бомбежки 7 сентября 1941 г.

列宁格勒工业学院的纺织机器实验室，曾在封锁列宁格勒期间为军医院提供纱布和绷带，其中就包括第 1116 军医院，该院于 1941 年 9 月迁至本校主楼。
Лаборатория текстильных машин Политехнического Института, где во время Блокады Ленинграда производилась марля и бинты для военных госпиталей, в том числе госпиталя №1116, разместившегося в главном здании института в сентябре 1941 г.

1 2
3 4

沿冰上路线——“生命之路”从被围困的列宁格勒撤离居民。摄于 1942 年春。

Эвакуация мирного населения из осажденного Ленинграда по ледовой трассе - Дороге Жизни. Весна 1942 г.

“喀秋莎”多管火箭炮。列宁格勒工业学院的洛伊茨扬斯基教授参与了此次将火箭弹升级为火箭炮的研究。

Реактивная система залпового огня (РСЗО) «Катюша». В модернизации реактивных снарядов к таким РСЗО принимал участие профессор Ленинградского Политехнического Института Л.Г.Лойцянский.

涅瓦大街上的 T-34-76 型坦克。1942 年摄于列宁格勒。

Танк Т-34-76 на Невском проспекте. Ленинград. 1942 г.

在列宁格勒举行的胜利阅兵式。1945 年。

Парад Победы в Ленинграде. 1945 г.

Pacific National University

太平洋国立大学

太平洋国立大学是俄罗斯联邦远东地区最大的高等院校之一。

1958 年，哈巴罗夫斯克汽车公路工程学院成立。1962 年，哈巴罗夫斯克汽车公路工程学院被改组成为哈巴罗夫斯克工业学院，1992 年更名为哈巴罗夫斯克国立技术大学。2005 年，哈巴罗夫斯克国立技术大学改组为太平洋国立大学。

多年以来，工作在学校的教职工当中就有第二次世界大战的老兵。他们不仅仅是西部战场的参与者，还参加了在远东地区的作战。在学校校史馆有一个用于纪念第二次世界大战的盾牌，该盾牌叫做“他们保卫了祖国”。在这块盾牌上镌刻着曾经是前线战士的教职工名字，他们参与了第二次世界大战的一些重要战役。所有这些战士们都为战胜德国法西斯以及打败日本军国主义做出了不可估量的贡献，并为自己的子子孙孙、千秋万代开创了光明的未来。

Тихоокеанский государственный университет

Тихоокеанский государственный университет является одним из наиболее крупных высших учебных заведений Дальнего Востока Российской Федерации.

Вуз был основан в 1958 году как Хабаровский автодорожный институт. В 1962 году он был реорганизован в Хабаровский политехнический институт, а в 1992 году – в Хабаровский государственный технический университет. В 2005 году Хабаровский государственный технический университет был преобразован в Тихоокеанский государственный университет.

В разные годы в нашем университете работали преподаватели и сотрудники - ветераны Великой Отечественной войны. Они были участниками боевых действий не только на западных фронтах, но и на дальневосточных рубежах. В музее нашего университета есть мемориальный щит «Они защищали Родину». На нем написаны имена фронтовиков – преподавателей и сотрудников, участвовавших в основных сражениях Великой Отечественной войны. Все они внесли неоценимый вклад в победу над фашистской Германией и милитаристской Японией и обеспечили светлое будущее своим детям, внукам и сотням поколений!

瓦西列夫斯卡娅·瓦莲京娜·叶菲莫夫娜
生于 1921 年 5 月 2 日。1942 年，正在西伯利亚冶金工业学院就读四年级的她，以志愿军的身份奔赴前线。1962 年 11 月 1 日起，瓦莲京娜·叶菲莫夫娜开始在哈巴罗夫斯克工业学院（今太平洋国立大学）的木材加工工艺学教研室工作。瓦西列夫斯卡娅·瓦莲京娜·叶菲莫夫娜被授予“保卫斯大林格勒”奖章、“反法西斯胜利”奖章、伟大的卫国战争二等勋章以及多枚胜利周年纪念章。

Василевская Валентина Ефимовна
Родилась 2 мая 1921 года. С четвертого курса Сибирского металлургического института в 1942 году ушла добровольцем на фронт. С 1 ноября 1962 года Валентина Ефимовна работала в Хабаровском политехническом институте (ныне ТОГУ) на кафедре «Технология деревообработки».
Награждена медалями «За оборону Сталинграда», «За победу над Германией», орденом Отечественной войны II степени, юбилейными медалями.

丹尼洛夫斯基·米哈伊尔·巴甫洛维奇
生于 1921 年 10 月 15 日。1941 年 10 月至 1947 年，他在军队服役，并参加了莫斯科保卫战和斯大林格勒保卫战。他曾担任哈巴罗夫斯克工业学院（今太平洋国立大学）校长长达 29 年，后为哈巴罗夫斯克国立技术大学（今太平洋国立大学）荣誉校长。丹尼洛夫斯基·米哈伊尔·巴甫洛维奇被授予伟大的卫国战争一等勋章、两枚“劳动红旗”奖章、“荣誉徽章”、“英勇无畏”奖章、“保卫斯大林格勒”奖章、“反法西斯胜利”奖章以及多枚胜利周年纪念章。

Даниловский Михаил Павлович
Родился 15 октября 1921. С октября 1941 по 1947 служил в армии. Участник битв за Москву и Сталинград. Двадцать девять лет Михаил Павлович проработал ректором Хабаровского политехнического института (ныне ТОГУ сегодня), стал Почетным ректором Хабаровского государственного технического университета (ныне ТОГУ). Награжден орденом Отечественной войны I степени, двумя орденами трудового Красного знамени, орденом «Знак Почета», медалями «За отвагу», «За оборону Сталинграда», «За победу над Германией», юбилейными наградами.

扎谢普科·巴维尔·阿尔谢季耶维奇
生于 1925 年，曾于伟大的卫国战争期间在外贝加尔服役，他在太平洋国立大学工作了 17 年。巴维尔·阿尔谢季耶维奇被授予伟大的卫国战争二等勋章、“荣誉徽章”、“抗日胜利”奖章、“1941~1945 伟大的卫国战争期间忘我劳动”奖章以及多枚胜利周年纪念章。

Защепко Павел Арсентьевич
Родился в 1925 году. Во время Великой Отечественной войны попал служить в Забайкалье. В ТОГУ П.А. Защепко проработал 17 лет. Павел Арсентьевич награжден орденом Отечественной войны II степени, орденом «Знак почета», медалью «За победу над Японией», медалью «За доблестный труд в Великой Отечественной войне 1941-1945 гг.», юбилейными медалями.

卡拉奇耶娃·叶甫盖尼娅·彼得罗夫娜生于1923年。最初，她在克拉斯诺兹纳缅斯克的阿穆尔舰队后勤管理部门的新兵训练队工作，而后工作于作战动员部门。太平洋国立大学建校伊始，她就在此工作。卡拉奇耶娃·叶甫盖尼娅·彼得罗夫娜被授予伟大的卫国战争二等勋章、“反法西斯胜利”奖章、“抗日胜利”奖章以及多枚胜利周年纪念章。

Калачева Евгения Петровна родилась в 1923 году. Служила сначала в учебном отряде управления тыла Краснознаменной Амурской флотилии, затем в оперативно-мобилизационном отделе. В ТОГУ работала со дня его основания. Награждена орденом Отечественной войны II степени, медалями «За победу над Германией», «За победу над Японией», юбилейными медалями.

科罗别科·亚历山大·普拉托纳维奇，1945年。

Коробенко Александр Платонович, 1945 год.

科罗别科·亚历山大·普拉托纳维奇。1947年11月摄于哈巴罗夫斯克。

1925年9月13日，科罗别科·亚历山大·普拉托纳维奇出生于阿穆尔州谢雷舍沃区波波夫卡村一个子女众多的农民家庭里。1942年，他应征入伍。同日军作战期间以及随后的时间里，他担任过工兵、坦克兵以及侦察兵，1950年复员。从这以后他一直生活在哈巴罗夫斯克。

1983~1993年，亚历山大·普拉托纳维奇在哈巴罗夫斯克国立技术大学（今太平洋国立大学）军事教研室担任国防课程高级讲师。科罗别科·亚历山大·普拉托纳维奇被授予伟大的卫国战争二等勋章、“劳动红旗”以及11枚奖章，其中包括“抗日胜利”奖章。

Коробенко Александр Платонович, Хабаровск, ноября 1947 года.

Родился 13 сентября 1925 года в деревне Поповка Серышевского района Амурской области в большой крестьянской семье. В 1942 году был призван в армию. Во время войны с Японией и после нее он был сапером, танкистом, разведчиком. В 1950 году демобилизовался. С этого времени живет в Хабаровске.

С 1983 по 1993 год Александр Платонович работал учебным мастером цикла гражданской обороны на военной кафедре ХГТУ (ныне ТОГУ). Награжден орденами Отечественной войны II степени, Трудового Красного Знамени, одиннадцатью медалями, в том числе и «За победу над Японией»

库利宾达·安德里安·马卡罗维奇（1943—1944 年）
1912 年 2 月 1 日，库利宾达·安德里安·马卡罗维奇出生于日托米尔州别尔季切夫行政区格里什科夫茨村。他于 1934 年 10 月应征入伍。1938~1941 年，他在塞瓦斯托波尔预备军官培训班进修。随后，参加了保卫塞瓦斯托波尔、敖德萨以及新罗西斯克的战役。一直到 1963 年，他都在部队服役。
1963~1991 年，库利宾达·安德里安·马卡罗维奇在太平洋国立大学工作，担任高级实验员以及军事教研室资深教师。
库利宾达·安德里安·马卡罗维奇被授予“红旗”勋章、伟大的卫国战争二等勋章、两枚“红星”勋章、“军事功勋”奖章、“保卫塞瓦斯托波尔”奖章、“保卫喀山”奖章、“反法西斯胜利”奖章以及多枚胜利周年纪念章。

Кульбида Андриан Макарович (1943–1944)
Родился 1 февраля 1912 года в селе Гришковцы Бердичевского района Житомирской области. В октябре 1934 был призван служить на флот. С 1938 по 1941 год служил на курсах переподготовки офицеров запаса в Севастополе. Воевал, защищая Севастополь, Одессу, Новороссийск. До 1963 года служил на флоте.
С 1963 по 1991 год работал в ТОГУ старшим лаборантом, учебным мастером военной кафедры.
Награжден орденами Красного знамени, Отечественной войны II степени, двумя орденами Красной Звезды, медалями «За боевые заслуги», «За оборону Севастополя», «За оборону Кавказа», «За победу над Германией» и юбилейными медалями.

米哈伊洛夫·尼古拉·尼古拉耶维奇
生于 1924 年。战争刚开始的时候，他在矿场工作，随后便应征入伍。第二次世界大战后他在哈巴罗夫斯克汽车公路工程学院（今太平洋国立大学）完成学业，并长期供职于太平洋国立大学并任建筑力学教研室讲师。米哈伊洛夫·尼古拉·尼古拉耶维奇被授予伟大的卫国战争一等以及二等勋章、“英勇无畏”奖章、“攻占柏林”奖章、“解放华沙”奖章、“反法西斯胜利”奖章以及多枚周年纪念章。

Михайлов Николай Николаевич
Родился в 1924 году. С первых дней войны – на рудовом фронте, затем был призван в армию. После войны закончил Хабаровский институт инженеров железнодорожного транспорта, долгие годы проработал в ТОГУ старшим преподавателем кафедры «Строительная механика». Награжден орденами Отечественной войны I и II степени, медалью «За отвагу», медалями «За взятие Берлина», «За освобождение Варшавы», «За победу над Германией», юбилейными медалями.

诺托维奇·察里·门捷列耶维奇生于 1918 年。战争爆发时，他刚完成三年级的课程，并和自己的同班同学一起上了前线。1948~1954 年，诺托维奇·察里·门捷列耶维奇在中国主导飞机的维修工作。他曾荣获“中苏友好”奖章。从 1968 年直到退休，他都在哈巴罗夫斯克工业学院(今太平洋国立大学)工作。诺托维奇·察里·门捷列耶维奇被授予伟大的卫国战争二等勋章、“尽职尽责”奖章、“军事功勋”奖章、“反法西斯胜利”奖章以及多枚胜利周年纪念章。

Нотович Цалий Менделеевич родился в 1918 году. Когда началась война, он заканчивал третий курс и вместе с одногруппниками ушел на фронт. С 1948 по 1954 год был в Китае, где руководил ремонтом самолетов. Был награжден медалью «Советско-китайская дружба». С 1968 года до ухода на пенсию работал в Хабаровском политехническом институте (ныне ТОГУ). Награжден орденом Отечественной войны II степени, медалями «За безупречную службу», «За боевые заслуги», «За победу над Германией» и юбилейными медалями.

萨韦利耶夫·尼古拉·季莫费耶维奇生于 1925 年，反抗德国法西斯和日本军国主义战役的参加者。1967~1997 年，他在太平洋国立大学工作，讲授国防课程。萨韦利耶夫·尼古拉·季莫费耶维奇被授予伟大的卫国战争二等勋章、两枚“军事功勋”奖章、“反法西斯胜利”奖章、“抗日胜利”奖章以及多枚胜利周年纪念章。

Савельев Николай Тимофеевич родился в 1925 году. С 1967 по 1997 год работал в ТОГУ преподавателем цикла гражданской обороны. Награжден орденом Отечественной войны II степени, двумя медалями «За боевые заслуги», «За победу над Германией», «За победу над Японией» и юбилейными медалями.

赫拉莫夫·弗拉基米尔·亚历山大罗维奇生于 1925 年 9 月，曾在白俄罗斯、匈牙利、奥地利以及捷克斯洛伐克作战。从 1967 年起直到生命中的最后阶段，赫拉莫夫·弗拉基米尔·亚历山大罗维奇都在哈巴罗夫斯克工业学院（今太平洋国立大学）执教。赫拉莫夫·弗拉基米尔·亚历山大罗维奇被授予伟大的卫国战争二等勋章、一等以及二等荣誉勋章、“英勇无畏”奖章、“军事功勋”奖章、“反法西斯胜利”奖章以及多枚周年纪念章。

Храмов Владимир Александрович родился в сентябре 1925 года. Воевал в Белоруссии, Венгрии, Австрии, Чехословакии. С 1967 года до последних дней жизни работал в ХПИ (ныне ТОГУ). Награжден орденом Отечественной войны II степени, орденами Славы II и II степени, медалями «За отвагу», «За боевые заслуги», «За победу над Германией», юбилейными медалями.

晓戈列夫·格里戈里·费多洛维奇生于 1919 年。他曾在北高加索地区服役，不过颈部负伤后被派到远东地区。复员后，晓戈列夫·格里戈里·费多洛维奇接受了高等教育，并在太平洋国立大学工作了 15 年。晓戈列夫·格里戈里·费多洛维奇被授予伟大的卫国战争二等勋章、“反法西斯胜利”奖章、“抗日胜利”奖章以及多枚胜利周年纪念章。

Щеголев Григорий Федорович родился в 1919 году. Нес военную службу на Северном Кавказе, но после ранения в шею был направлен на Дальний Восток.После мобилизации получил высшее образование и проработал больше 15 лет в ТОГУ.Награжден орденом Отечественной войны II степени, медалями «За победу над Германией», «За победу над Японией», юбилейными медалями.

雅科金·维克多·米哈伊洛维奇于 1943 年应征入伍，在第 163 特种高射炮兵营服役。1959~1991 年，雅科金·维克多·米哈伊洛维奇在太平洋国立大学执教。在此期间，他完成了研究生学业，取得了副博士学位，还从讲师晋升为副教授及教研室主任。雅科金·维克多·米哈伊洛维奇被授予了“军事功勋”奖章、“抗日胜利”奖章、“尽职尽责”奖章、伟大的卫国战争二等勋章以及多枚周年纪念章。

Ягодкин Виктор Михайлович был призван в армейские ряды в 1943 году. Служил в 163-м отдельном зенитном артиллерийском дивизионе. Наряду с выполнением воинского долга организовывал художественную самодеятельность. В ТОГУ работал с 1959 по 1991 год. Награжден медалями «За боевые заслуги», «За победу над Японией», «За безупречную службу» II степени, юбилейными медалями.

Tomsk Polytechnic University

托木斯克理工大学

伟大的卫国战争年代的托木斯克工业学院（托木斯克理工学院）

1941 年 7 月 15 日托木斯克工业学院全体师生共计 2 503 人，其中大学生 1 168 人，教师和科学家 174 人，研究生 27 人，助教 102 人，工作人员 582 人。他们中的每一个人都视“一切为了前线！一切为了胜利！”这一口号为自己人生的座右铭。

Томский политехнический университет

Томский индустриальный институт (ТИИ) - Томский политехнический институт (ТПИ) в годы Великой Отечественной войны.

На 15 июля 1941 года коллектив Томского индустриального института насчитывал 2503 человек, в том числе 1168 студентов, 174 преподавателей и научных сотрудников, 27 аспирантов, 102 учебно-вспомогательных работников, 582 рабочих и служащих. Каждый из них воспринял лозунг «Всё для фронта! Всё для победы», как девиз своей собственной жизни.

战争年代的大学生

Группа студентов военных лет

学院工作人员

Сотрудники института

1941 年

战争最初的几个月，学院的全体教师对教学计划进行了修改，以缩短教学期限（由 5 年缩至 3 年零 4 个月）。开设了新的课程（军事化学、企业防空、农业技术等）。12 月份进行普及军事教育。在一系列课程规划中课程定位更倾向于当地工业需求及其特殊性。由于战争第一年形势紧张毕业生的生产实践实际上已被中断，生产实践从五年级的教学计划中取消。根据全苏高等教育事业委员会教育局的规定寒假、毕业生月休假及高等学校入学考试都被取消。

战争年代托木斯克各高校的所有科研工作都由科学家委员会来协调，该委员会在托木斯克一些高校教授的倡议下于 1941 年 6 月 27 日成立，隶属于市党委。该委员会将市内 300 多位科学家的智慧汇聚在一起，其中主要是物理学家、化学家、地质学家、矿业工作者、医生、生物学家。委员会促进科学成果不断运用到巩固国防的实践活动及完成生产任务中，对工业企业、军医院给予帮助，有利于稀缺专业的人才培养。

1941 年秋全院全体员工致力于为前线募集保暖衣物。在很短的时间内就将 3 100 件物品送往作战部队。

由于国防需求不断扩大，物资基地开始运作。腾出第八和第九教学楼作为军医院，先前这两栋教学楼内的采矿系搬到了托木斯克炮兵学校，一部分学生宿舍搬至皮罗戈夫街。

1941 год

В первые месяцы войны профессорско-преподавательский состав института проводит работу по внесению изменений в учебные планы, связанную с сокращением сроков обучения (с 5 лет до 3 лет и 4-х месяцев). Вводятся новые учебные дисциплины (военная химия, противовоздушная оборона предприятий, агротехника и др.) В декабре вводится всеобщее военное обучение. В программах ряда дисциплин усиливается ориентация проектных заданий на нужды и особенности местной промышленности. Из-за тяжелых условий первого года войны фактически оказывается сорванной производственная практика выпускников. Производственная практика изымается из учебных планов пятых курсов. По указанию Управления учебных заведений Всесоюзного комитета по делам высшей школы (УУЗ ВКВШ) отменяются зимние каникулы, месячные отпуска выпускников и вступительные экзамены в вуз.

В Томске в годы войны вся научно-исследовательская работа вузов координируется комитетом ученых, созданным при Горкоме партии 27 июня 1941 г. по инициативе ряда профессоров томских вузов. Он объединил усилия более 300 ученых города, главным образом, физиков, химиков, геологов, горняков, медиков, биологов. Комитет содействовал внедрению достижений науки в практику по укреплению обороны страны, в решение производственных задач, оказанию помощи промышленным предприятиям, госпиталям, подготовке кадров по остродефицитным специальностям.

Осенью 1941 года коллектив института принимает участие в сборе тёплых вещей для фронта. За короткий период в действующую армию направлено 3100 вещей.

В связи с увеличением нужд обороны, обращается материальная база института. Восьмой и девятый корпуса передаются для размещения в них госпиталя. Ранее размещённый в них горный факультет переезжает в другие Томского артиллерийского училища (ТАУ-2). Передаются часть студенческих общежитий на ул. Пирогова.

沙霍夫・费利克斯・尼古拉耶维奇（1894年10月24日—1971年10月30日），苏联地质学家，矿床领域专家，苏联科学院通信院士（1958年）。

战争年代他在托木斯克理工学院工作，致力于开发满足国防工业需求的矿产资源基地，指导主要黄金矿源地的勘探工作，考察多金属矿区的氧化带。

Шахов Феликс Николаевич (24 октября 1894–30 октября 1971) - советский геолог, специалист в области рудных месторождений, член-корреспондент АН СССР (с 1958).

В годы войны работал в ТПИ, занимался вопросами развития минерально-сырьевой базы для нужд оборонной промышленности, руководил поисками коренных месторождений золота, исследовал зоны окисления полиметаллических месторождений.

斯特列利尼科夫・德米特里・亚历山大罗维奇，1881年10月23日（公历11月5日生于阿斯莫林斯克州普列斯诺夫斯卡亚，1964年12月逝世于托木斯克，工学博士，托木斯克工业学院采矿工程系教授。战争年代是托木斯克工业学院科研处处长（1941~1942），学院副院长（1944~1945），主管教学科研工作。在库兹巴斯许多采矿工作的组织及机械化作业问题都是在德・亚・斯特列利尼科夫教授的指导下解决的。

Стрельников Дмитрий Александрович (23 октября/5 ноября 1881, ст. Пресновская Акмолинской области - декабрь 1964, Томск) - доктор технических наук, профессор по кафедре горного искусства ТПИ. В годы войны был начальником Научно-исследовательского сектора ТИИ (1941-1942), заместителем директора института по учебно-научной работе ТИИ (1944-1945). Многие вопросы организации и механизации горных работ в Кузбассе решались под руководством профессора Д.А. Стрельникова.

科罗温・米哈伊尔・卡林尼科维奇（1883年11月19日—1956年2月19日），地质学家，“功勋科技活动家”（1941年），托木斯克工业学院历史地质教研室教授，地质学博士。1940~1943年作为顾问加入了西西伯利亚苏联石油工业人民委员部地质勘探托拉斯。1944年担任科学院西西伯利亚分院矿业地质研究所副所长，直接领导该研究所石油开采小组。

Коровин Михаил Калинникович (19 ноября 1883 г. - 19 февраля 1956 г.) - геолог, заслуженный деятель науки и техники (1941), профессор ТПИ по кафедре исторической геологии, доктор геологических наук. В 1940-1943 гг. в качестве консультанта принял участие в работах Западно-Сибирского геологоразведочного треста Наркомнефти. В 1944 г. стал заместителем директора Горно-геологического института Западно-Сибирского филиала Академии наук, непосредственный руководитель нефтяной группы этого института.

史玛尔古诺夫・康斯坦丁・尼古拉耶维奇（1902年5月13日生于图拉省玛廖夫卡村，1953年4月17日逝世于新西伯利亚市），托木斯克工业学院矿业机电系教授，1939~1944年担任该院院长。1941年史玛尔古诺夫完成了自己的新发明——电动凿岩机，用于开凿坚硬的岩层。

Шмаргунов Константин Николаевич (13 мая 1902, с. Малевка Тульской губернии - 17 апреля 1953, г. Новосибирск) - профессор по кафедре горной электромеханики Томского индустриального института (ТПУ), директор института в 1939-1944 гг. В 1941 г. Шмаргунов закончил свое новое изобретение - электрический перфоратор, применяемый при отбойке твердых пород. Шмаргунов был тесно связан с производством: консультант при Томском электромеханическом заводе; постоянный участник научно-производственных конференций в Кузбассе.

奥金车夫·彼得·巴弗洛维奇（1895年生于托木斯克市，1975年12月逝世），发明家，托木斯克工业学院副教授。战争年代亲自制作了12台无线电探棒，这些仪器用于发现伤员体内的金属异物。

Одинцев Петр Павлович (1895, г. Томск - декабрь 1975) - изобретатель, доцент лаборатории кафедры физики ТИИ. За годы войны собственноручно изготовил 12 радиощупов - приборов для обнаружения инородных металлических включений в теле раненого.

1942 年

为了安置疏散来的机构（列宁格勒军械技术学校、白采尔科维步兵学校、莫斯科钢铁焊接学院、新切尔卡斯克工业学院）腾出了包括主教学楼在内的四栋教学楼。战前学院所剩教学面积不足 15%。为了安置疏散人员将教职工的宿舍和住宅也利用起来。在这样复杂的条件下教学和科研课题的研究仍在继续。1942 年 12 月 20 日至 1943 年 1 月 10 日学院宣布了“斯大林式劳动”补课运动。

学校全体人员积极倡议——募集资金为建造以学校命名的坦克以及组建“为了祖国”航空兵大队，该大队得到市行政当局的支持，并且是其他的高校和企业提出的建议。为了实现这些目标，学院募集并划拨给国家银行 11.3 万卢布。为组建“为了祖国”航空兵大队，托木斯克工业员工总共募集了 500 万卢布。在写给国防委员会主席斯大林的信中写道：“让所有这些都能够帮英勇的红军早日取得最后的胜利……”

1941 年秋全院全体员工致力于为前线募集保暖衣物。在很短的时间内就将 3 100 件物品送往作战部队。

由于国防需求不断扩大，物资基地开始运作。腾出第八和第九教学楼作为军医院，先前这两栋教学楼内的采矿系搬到了托木斯克炮兵学校，一部分学生宿舍搬至皮罗戈夫街。

1942 год

Для размещения эвакуированных организаций (Ленинградское артиллерийско-техническое училище, Белоцерковское пехотное училище, Московский институт стали и сплавов, Новочеркасский индустриальный институт) передаются четыре корпуса, включая главный. У института остается не более 15 процентов учебных площадей довоенного времени. Для расселения эвакуированного персонала выделяются общежития и квартиры профессорского - преподавательского состава. В таких сложных условиях продолжаются учебный процесс и разработка научных тем. С 20 декабря 1942 г. по 10 января 1943 в институте объявляется «сталинская вахта» по ликвидации учебных задолжностей.

Коллектив института выступает с инициативой - собрать средства для строительства танка имени института и авиаэскадрильи «За Родину», которая получает поддержку городских властей и рекомендуется другим вузам и предприятиям. В институте на эти цели было собрано и перечислено в госбанк 113 тыс. руб. Всего на постройку авиаэскадрильи «За Родину» томичи собрали 5 млн. руб. В письме на имя председателя Государственного Комитета Обороны И.В. Сталина писали: «Пусть все это поможет доблестной Красной Армии приблизить день нашей окончательной победы...».

1943 年

学院的领导们并未放松对大学生知识水平的要求。1943 年 1 月 15 日至 25 日，继“斯大林式劳动”补课运动结束后又开展了“列宁式劳动”补课运动。虽然进行了充分的准备，但冬季的考试仍不轻松。春季学期对每位拖欠学时的大学生都设定了严格的补课期限，开展组织教育工作，其中包括系与系之间的竞赛。

各院系都有条不紊地召开研讨会。机械系召开了“课程设计方法”研讨会，化学工程系召开了“毕业设计方法”研讨会。在这一年首次召开了题为“学院成绩突出者的工作经验”的大学生教学方法研讨会。1943~1944 学年第一学期举行了最优教研室竞赛。对竞赛经验进行总结，并且被全苏高等教育事业委员会以书面形式推广至国内其他院校。恢复生产实践过程——五年级大学生被派遣到托木斯克、西伯利亚、乌拉尔及中亚的企业中实习。

1943 год

Не ослабевает внимание руководства института к уровню знаний студентов. С 15 по 25 января 1943 г., вслед за завершившейся «Сталинской вахтой» стартует «Ленинская вахта» по ликвидации задолженностей. Зимняя сессия, несмотря на лучшую подготовку, проходит напряженно. В весенний семестр для каждого студента-задолжника устанавливаются жесткие сроки ликвидации задолженности, развернута организационно-воспитательная работа, в т.ч. соревнование между факультетами.

На факультетах проходят методические конференции. На механическом - «Методика курсового проектирования», на химико-технологическом - «О постановке дипломного проектирования». В этом же году впервые состоялась студенческая методическая конференция «Опыт работы отличников института».В первом семестре 1943/44 уч. года в институте проводится конкурс на лучшую кафедру. Опыт проведения конкурса обобщается и распространяется УУЗ ВКВШ в виде информационного письма в другие вузы страны. Возобновляется процесс проведения производственных практик - студенты пятикурсники направляются на предприятия Томска, Сибири, Урала и Средней Азии.

И.В.盖伯勒
И.В. Геблер

И.В.盖伯勒在热处理工艺教研室（化学燃料工艺教研室）讲课
И.В. Геблер ведет лекцию на Кафедре технологии пирогенных процессов (кафедре технологии химического топлива)

布塔科夫・因诺肯季・尼古拉耶夫
Бутаков Иннокентий Николаевич

库加温・伊万・德米特里耶维奇
Кутявин Иван Дмитриевич

拉杜金・康斯坦丁・弗拉基米罗维奇
Радугин Константин Владимирович

1944~1955 年

苏联军队在前线的胜利以及企业开始回迁影响着学院物资基地的状况。地质勘探教学楼（1944 年）、主教学楼（1945 年）和一部分宿舍重新回到学院的怀抱。小工厂和实验室开始复工。大部分的工作都是由大学生完成的。大学生的数量在 1942~1943 年减少了二分之一，复原退伍人员到大学听课的人数有所增加。

教学工作和普通教育工作不断完善。全院的研讨会结论都被付诸实践。1945 年 2 月举办了由西伯利亚高校教师参与的图形课程教学校际间研讨会。工业学院这些课程的教授经验被全苏高等教育事业委员会认定为教学示范，并且推广至其他高校。1944 年 11 月托木斯克工业学院成立了文化学院，其宗旨是提高大学生普通教育水平以及在大学生中宣传自然科学知识和最新的科技成就。1944 年在进行全州高校工作总结时学院获得了州和市的流动红旗。经苏联人民委员会批准自该年度 7 月 1 日起学院更名为理工学院。根据 1944 年 11 月 1 日起生效的苏联最高苏维埃主席团《对高等教育工作者颁发勋章和奖章》的指示，因为在为国民经济和文化建设培养专业人才方面取得了突出成绩。1945 年 5 月成立物理学系。专业的数量由 18 增加到 25 个，按照这些专业培养专业人才。1941~1945 年托木斯克理工学院培养了 21 个专业的 1 146 名工程师，其中 117 名毕业生以优异的成绩毕业。

1944-1945 годы

Успехи советских войск на фронтах и начавшаяся реэвакуация предприятий сказываются на состоянии материальной базы института. Институт вновь получает геологоразведочный корпус (1944), главный корпус (1945), а также часть общежитий. Начинается восстановление и расконсервирование мастерских и лабораторий. Большая часть работ выполняется силами студентов. Численность студентов, сократившаяся вдвое в 1941-1943 годах, растет - в университетские аудитории приходят демобилизовавшиеся фронтовики.

Продолжает совершенствоваться учебная и общеобразовательная работа. Введены в практику общеинститутские конференции. В феврале 1945 г. проводится межвузовская конференция по преподаванию графических дисциплин с участием преподавателей сибирских вузов. Опыт преподавания данных дисциплин в индустриальном институте УУЗ ВКВШ признает образцовым и распространяет по другим вузам. В ноябре 1944 г. в ТИИ создается Университет культуры. Его задача - повышение общеобразовательного уровня студентов и пропаганда среди них естественно-научных знаний и последних достижений науки и техники. В марте 1945 г. открывается электрофизический факультет. Количество специальностей, по которым ведется подготовка специалистов в институте увеличивается с 18 до 25. С 1941 по 1945 гг. в стенах Томского политехнического подготовлено 1146 инженеров по 21 специальности, из них 117 выпускников окончили его с отличием.

伟大的卫国战争前线上的托木斯克工业学院的教职工和学生

托木斯克工业学院的工程师参加了许多次战斗，他们战胜了法西斯侵略者和日本军国主义分子，解放了祖国以及东欧、满洲国和中国的各民族。无法一一讲述他们每个人的战斗历程，战争期间有 700 多位师生和职工奔赴前线作战。

伟大的卫国战争那段岁月是托木斯克理工大学历史上最为光辉灿烂的一页。学校的师生经受住了严峻的考验。无论有多么困难，这些年都在不断进行工科人才培养和科研工作，对国民经济和前线给予了巨大帮助。学院的师生们在各条战线上英勇战斗，表现出了英勇无畏的精神，这对苏联人民取得反法西斯战争的胜利做出了应有的贡献。

Сотрудники, студенты ТИИ на фронтах Великой Отечественной войны

Во многих сражениях пришлось участвовать томским политехникам, освобождая родную землю, народы Восточной Европы, Маньчжурии и Китая от фашистских захватчиков и японских милитаристов. Нет возможности пересказать боевой путь каждого, из более чем 700 ушедших за годы войны на фронт преподавателей, студентов, рабочих и служащих. Ограничимся рассказом о некоторых из них.

Годы Великой Отечественной войны стали ярчайшей страницей в истории Томского политехнического университета. Его коллектив выдержал суровые испытания. Несмотря на все трудности, в эти годы шла подготовка инженерных кадров, осуществлялись научные исследования, оказывалась значительная помощь народному хозяйству, фронту. Сотрудники, студенты института храбро сражались на различных фронтах, проявляя отвагу и героизм, и тем самым внесли достойный вклад в дело Победы советского народа над фашистской Германией.

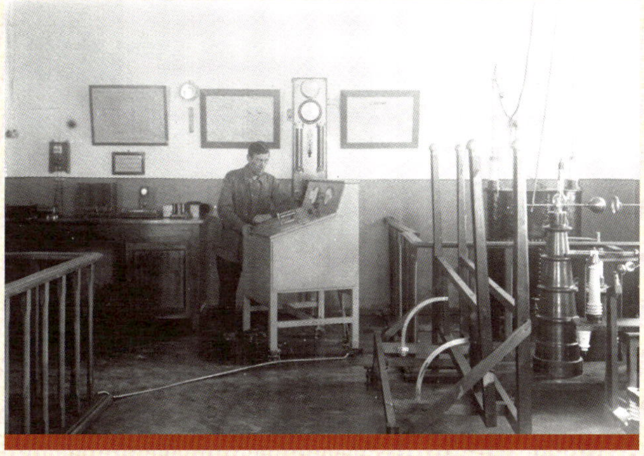

战争时期的高电压技术实验室

Лаборатория техники высоких напряжений
в военные годы

П.П. 奥金佐夫发明的无线电探棒

Радиощуп, изобретенный П.П. Одинцовым

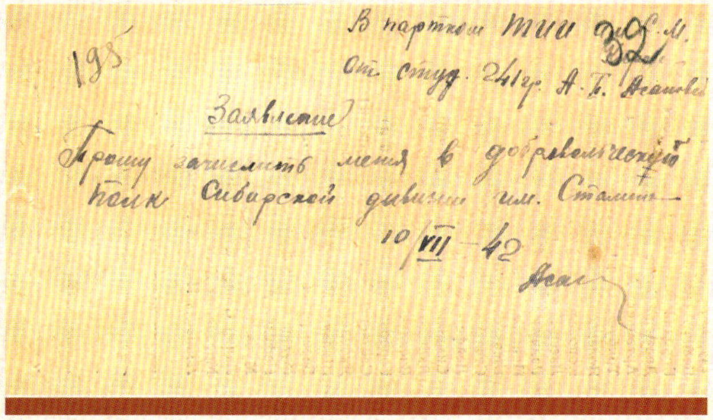

195

В партком ТИИ [illegible]

От студ. 241 гр. А. Г. [illegible]

Заявление

Прошу зачислить меня в добровольческий полк Сибирской дивизии им. Сталина

10/VII-42

[illegible]

学院的女生自愿申请去前线

Заявление студентки института с просьбой
о добровольном уходе на фронт

Ural Federal University

乌拉尔联邦大学

乌拉尔联邦大学于 1920 年成立于叶卡捷琳堡，当时学校的名称为乌拉尔大学。

在苏联伟大的卫国战争期间，大学工作人员生活艰苦。得知祖国受到德国法西斯侵略后，教师、学者、学生在 1941 年 6 月 23 日的集会上宣告应征入伍，愿意完成祖国下达的任何任务。

伟大的卫国战争期间，大学里将近 2 400 人奔赴前线。他们参加了在莫斯科、斯大林格勒、基辅、塞瓦斯托波尔、柯尼斯堡、库尔斯克附近的战役，解放了奥地利、匈牙利、德国、波兰、罗马尼亚、捷克斯洛伐克、南斯拉夫、中国、韩国等地。三百多人阵亡。学校的学生、毕业生和教师中有 14 名苏联英雄。为了纪念他们的英勇事迹，学校在教学楼旁建立了一座雄伟的纪念碑。

教职工们也在后方做出了巨大贡献。教学楼被用作生产车间、医院和疏散人员的住所。虽然如此，教学工作仍在继续，因为国家和前线需要我们培养的专家。

战争开始的第一年，学校已经培养出 480 名女护士，她们在前线和后方都做出了巨大贡献。

大学科研人员在最短的时间内研究并推广了国防工业用品的生产方法和技术。战争将斯维尔德洛夫斯克（叶卡捷琳堡在 1924~1991 年的旧称）变成国家最大的后送站之一，苏联西部地区五十多个大中型工厂被转移至此，此后这些仪器、化学机器制造厂成为乌拉尔高科技工业的基础。著名的“喀秋莎”火箭炮正是在这里生产的。乌拉尔机械工厂生产装甲机、自行高射炮和 T–34 坦克。学生们对军事工业给予了很大的帮助，在 1941~1942 期间有 2 000 多名学生在城市工厂企业里工作。

学校的化学家们取得了巨大成就，正是由于他们的工作，世界上第一次出现了二基磺胺以及二基磺胺、氨苯磺胺、磺胺噻唑的工业生产，这些药品拯救了成千上万战士的生命。

乌拉尔为战争胜利做出了很大贡献，学校和全国人民一起经受住了考验。

Уральский федеральный университет имени первого Президента России Б.Н. Ельцина

Уральский федеральный университет был основан в городе Екатеринбурге в 1920 году, как Уральский университет.

Нелегко пришлось коллективу университета в годы Великой Отечественной войны. Узнав о нападении фашистской Германии, преподаватели, ученые и студенты на митинге, состоявшемся 23 июня 1941 года, объявили себя мобилизованными для выполнения любого задания Родины.

За годы Великой Отечественной войны из университета ушло на фронт около 2400 человек. Они сражались под Москвой, Сталинградом, Киевом, Севастополем, Кенигсбергом, на Курской Дуге, освобождали Австрию, Венгрию, Германию, Польшу, Румынию, Чехословакию, Югославию, Китай, Корею. Более 300 человек погибли. Среди наших студентов, выпускников и преподавателей 14 Героев Советского Союза. В память о погибших воинах на средства студентов и сотрудников сооружен величественный памятник, установленный около одного из учебных корпусов.

Значителен вклад коллектива университета и в тылу. Студенческие и учебные корпуса были превращены в производственные цеха, госпитали, жилье для эвакуированных. И тем не менее, институт продолжал работать – стране и фронту нужны были специалисты.

Уже в первый год войны в университете было подготовлено 480 медицинских сестер, выполнявших свою высокую миссию на фронте и в тылу.

Ученые университета в кратчайшие сроки разрабатывали и внедряли новые методы и способы производства продукции для оборонной промышленности. Война сделала из Свердловска (именно так назывался Екатеринбург с 1924 по 1991 год) крупнейший эвакуационный пункт страны, куда были перевезены более полусотни крупных и средних заводов из западных регионов СССР, которые затем стали базой высокотехнологичного производства на Урале – это приборостроительный завод, завод химического машиностроения и многие другие. Именно здесь производили орудия и знаменитые ракетные установки «Катюша». Завод Уралмаш выпускал бронекорпуса, самоходные установки и танки Т-34. Большую помощь оказывали студенты военному производству. В 1941–42 гг. на промышленных предприятиях города работало более 2000 студентов.

Замечательных успехов добились наши ученые-химики. Именно ими впервые в мире был получен сульфидин и организовано промышленное производство сульфидина, стрептоцида, норсульфазола. Эти лекарства спасли от смерти сотни тысяч солдат.

Урал внес немалую лепту в дело Победы. Вместе со всей страной выдержал испытание и наш университет.

乌拉尔联邦大学的“苏联英雄”
Герои Советского Союза из Уральского федерального университета

大学校长和第一批志愿兵。1941 年 6 月。
Ректор университета с первыми добровольцами июнь 1941 года

少年宫旁的志愿兵方队。1942 年摄于斯维尔德洛夫斯克。
Свердловск: колонна добровольцев у Дворца пионеров 1942 год

市民在斯维尔德洛夫斯克 1905 广场的扬声器旁。1941 年 6 月 22 日。
Свердловск: Площадь 1905 года Горожане у репродуктора 22 июня 1941 года.

学生在宿舍集合准备赴前线。1941 年 7 月。
Студенты в общежитии собираются на фронт июль 1941 год.

学生准备奔赴前线。1941 年 7 月。
Студенты перед отправкой на фронт июль 1941 год.

20 世纪 40 年代初的大学城
Студенческий городок в начале 1940-х гг

位于学生宿舍里的战地医院
В госпитале расположенном в одном из студенческих общежитий

大学城的自来水系统施工（闩井施工）现场。1943 年。
Строительство водопровода в студенческом городке 1943 год (строительство колодца для задвижек).

乌拉尔联邦大学主楼。1945 年 5 月 9 日。
Главный учебный корпус университета 9 мая 1945 г.

在乌拉尔联邦大学主楼前的军事学校阅兵仪式。1944~1945 年。
Парад военного училища перед главным учебным корпусом университета 1944-45гг

乌拉尔联邦大学的学生和教职工纪念碑。
Памятник студентам преподавателям и сотрудникам университета

South Ural State University

南乌拉尔国立大学

在伟大的卫国战争期间，车里雅宾斯克作为后方城市扮演着重要的角色。1941 年，两百余家因疏散迁来的企业同当地企业合并，由此便产生了一批大型企业——车里雅宾斯克锻压工厂、钢铁总厂、轧管厂、拖拉机工厂。

早在战争初期，人们就称车里雅宾斯克为“坦克之城”。战争期间，车里雅宾斯克科流申科工厂因生产出了 BM-13 火箭炮——著名的“喀秋莎”火箭炮而闻名。

在战争期间，城中企业生产柴油发动机、弹药、电气设备和武器零件、飞机装甲玻璃和其他为争取胜利所必需的产品。到战争结束时，有三分之一的坦克和战斗机是用车里雅宾斯克生产的钢铁铸成的。

军品生产要求训练有素、高素质的工程技术人员。1943 年斯大林格勒机械研究所曾被迫撤离到车里雅宾斯克，在战争结束后要迁回原址。而就在那个时候，人们意识到必须要有属于自己的工作者和科研人员，于是决定建立车里雅宾斯克机械制造学院。

1952 年大学修建了自己的综合校区，在此之前，学院一直位于坦克工业委员会楼内，其为战争时期苏联最大的工业委员会之一。建校初期，教学工作主要由出色的设计工程师来担任，如鲍日、杜霍夫、果金等。这些著名设计师曾发明 EC-2 和 EC-3 常胜坦克。

学校建校 70 年以来，由最初的 2 个系发展成为了全国最大的科研教育中心之一——南乌拉尔国立大学。

Южно-Уральский государственный университет

Во время Великой Отечественной войны Челябинск играл важную роль как тыловой город. На базе более двух сотен эвакуированных в 1941 году предприятий, которые сливались с местными производствами, создавались гиганты индустрии — ЧКПЗ, ЧМК, ЧТПЗ, ЧТЗ.

Уже в начале войны Челябинск обрел второе, неофициальное имя — Танкоград. Челябинский завод им. Колющенко в годы войны прославился производством и выпуском установок БМ-13 — знаменитых «Катюш».

Предприятия города в годы войны производили дизельные двигатели, боеприпасы, электрооборудование и детали для боевых машин, бронированные стекла для самолетов и другую необходимую для Победы продукцию. К концу войны в каждом третьем танке и боевом самолете была челябинская сталь.

Военное производство требовало хорошо подготовленных и высококвалифицированных инженерных кадров. В 1943 году в Челябинск был эвакуирован Сталинградский механического института (СМИ), который по окончании войны должен был вернуться обратно. Именно тогда, понимая всю необходимость создания собственной кузницы рабочих и научных кадров, было принято решение о создании Челябинского механико-машиностроительного института (ЧММИ).

До начала возведения основного комплекса зданий университета в 1952 году, ЧММИ располагался в здании наркомата танковой промышленности, одного из крупнейших промышленных наркоматов СССР военного времени. У самых истоков преподавательской деятельности в основанном университете стояли выдающиеся инженеры-конструкторы, такие как М.Ф. Балжи, Н.Л. Духов, Ж.Я. Котин и другие. Именно руками этих прославленных конструкторов были созданы победоносные танки ИС-2 и ИС-3.

За 70 лет истории институт, первоначально состоявший из всего лишь 2 факультетов, вырос до одного из крупнейших научных и образовательных центров страны – Южно-Уральского государственного университета (НИУ).

1943 年，试验 И С–3 型坦克。照片右为车里雅宾斯克基洛夫工厂总设计师尼古拉·莱列奥尼多维奇·杜霍夫，左为其副手米哈伊尔·费奥德洛维奇·巴尔日。

1943г. Испытание танка ИС-3. Справа на фото главный конструктор Челябинского Кировского завода Духов Николай Леонидович, слева его заместитель Балжи Михаил Фёдорович.

1943 年，西部方面军。照片中为军事教育系教师叶甫盖尼·伊万诺维奇·杰列少夫，参加在莫斯科红场上举行的胜利阅兵式。

Западный фронт, 1943г. В центре Евгений Иванович Телешев, преподаватель факультета военного обучения, участник Парада Победы на Красной площади в Москве.

1943 年 4 月，军事训练教研室。白俄罗斯第一方面军。上排右为军事训练教研组的教师米哈伊尔・菲奥多罗维奇・科罗廖夫。
Военная кафедра, апрель 1943 г. Первый белорусский фронт. Верхний справа преподаватель военной кафедры Михаил Фёдорович Королев.

1935 年 9 月，对乌拉尔坦克志愿军车里雅宾斯克第 63 坦克旅进行检阅。如今该地是基洛夫街的步行部分（车里雅宾斯克的阿尔巴特大街）。目前在百货商店对面矗立着志愿军坦克手纪念碑、光荣林荫路和长明火。纪念碑揭幕式在纪念胜利三十周年时举行，而长明火则是在胜利二十周年时点燃。
9 мая 1943г. Парад 63-й Челябинской танковой бригады Уральского добровольческого танкового корпуса. Ныне пешеходная часть улицы им.Кирова (Челябинский Арбат). Напротив универмага сейчас располагается памятник танкистам-добровольцам, Бульвар Славы и Вечный огонь. Открытие памятника приурочено к 30-летию Победы, Вечного огня - к 20-летию Победы.

1941 年，志愿兵坦克手第 1 连成员。41 名赴前线，幸存 3 名。
1941г. Члены первой роты добровольцев-танкистов. На фронт ушёл 41 человек, вернулись трое.

斯巴达克大街，如今的列宁大街。向前能看到坦克工业人民委员部。1942 年 8 月至 1952 年，车里雅宾斯克机械机器制造学院位于此地。现今这里是“儿童世界”百货商店。

Улица Спартака, ныне улица Ленина. На переднем плане здание наркомата танковой промышленности. С августа 1942г. по 1952 г. здесь размещался Челябинский механико-машиностроительный институт, ныне ЮУрГУ. Сегодня это магазин универмаг Детский мир.

1942 年 5 月，共青团广场上欢送第 97 坦克旅奔赴前线。1965 年纪念胜利二十周年前夕在广场上展出了苏联 ИС-3 重型坦克。

Комсомольская площадь, май 1942г. Проводы на фронт 97-й танковой бригады. В 1965г. в канун 20-летия Победы на площади установлен постамент с советским тяжёлым танком ИС-3. (Иосиф Сталин).

1944年车里雅宾斯克基洛夫工厂的组装车间。ИСУ-152型“猎户”火箭炮（在 ИС-152 型坦克的基础上可以自动定向的火箭炮）。

Сборочный цех Челябинского завода им.Кирова, 1944г. Установка орудия на ИСУ-152 (самоходная установка на базе танка ИС-152) «Зверобой».

1944 年，由乌拉尔近卫志愿军第 10 坦克师车里雅宾斯克第 63 坦克旅组建的 T-34-85 型坦克。

1944 г. Танки Т-34-85 из состава 63 гвардейской Челябинской танковой бригады 10 гвардейского Уральского добровольческого танкового корпуса.

车里雅宾斯克基洛夫工厂车间“克里门特·伏罗希洛夫”坦克的装配。现今为车里雅宾斯克拖拉机厂。

Сборка КВ (Клим Ворошилов) в цехе Челябинского завода им. Кирова, ныне Челябинский тракторный завод.

1943 年 3 月，为解放库尔斯克携带有设备与建筑材料的第一梯队。

Март 1943г. Первый эшелон с оборудованием и стройматериалами для освобождённого Курска.

1943 年，车里雅宾斯克基洛夫工厂车间被吊起的ИСУ-152 型“猎户”火箭炮。在红军军中服役时被称为“猎户”，而在德意志国防军中则被称为“锡罐”。

1943г. ИСУ-152 "Зверобой" на цепях в цехе Челябинского Кировского завода. В рядах Красной армии установка получила названия «Зверобой», а в Вермахте «Консервная банка».

1945 年 5 月。捷克斯洛伐克。近卫军车里雅宾斯克第 63 坦克旅向布拉格进军。德国投降后近卫军车里雅宾斯克第 63 坦克旅为帮助解放布拉格而奉命出征。

Май 1945г. Чехословакия. Марш-бросок 63-й гвардейской Челябинской танковой бригады на Прагу. После капитуляции Германии 63-я гвардейская танковая бригада получила приказ выступить на помощь восставшей Праге.

北京俄罗斯文化中心
Российский культурный центр в Пекине

2010 年 9 月 27 日，北京俄罗斯文化中心（简称“俄罗斯文化中心”）根据 2009 年 10 月 13 日签署的《中华人民共和国政府和俄罗斯联邦政府关于互办文化中心的协定》在北京正式成立。开幕式当天，正在对中国进行国事访问的时任俄罗斯总统梅德韦杰夫亲自到场祝贺并给予了很高的评价。

俄罗斯联邦独联体事务、俄侨和国际人文合作署负责北京俄罗斯文化中心的工作。北京俄罗斯文化中心是俄罗斯政府在中国境内开设的第一家官方文化单位。

中心工作旨在促进中国民众了解俄罗斯在各个领域所取得的成就、精神财富和巨大的科技文化潜力，推动扩大两国文化、教育、科技、公务领域联系，并加强对俄语的支持。

俄罗斯文化中心积极配合中俄两国政府部门、社会组织、科研机构、高等院校和富有创造力的青年团体，大力支持与中俄主流媒体的伙伴关系。

中心举办了各种丰富多彩的活动，深化了中俄两国人民的相互理解和友谊。其中包括中俄著名艺术团体和文化活动家演说、俄罗斯各地科技及经济和投资潜力推介会。中心还举办了多次论坛、圆桌会议、学术会、研讨会、两国青年见面会，以及艺术摄影展、电影招待会、俄罗斯古典和现代音乐会、戏剧、文学和诗歌晚会等。

俄罗斯文化中心的工作重点之一是推广和支持俄语在中国的传播。中心积极开展与俄语中心、中国俄罗斯语言文学教师协会、中国高校俄语研究者及俄语系的相互协作。中心开设有俄语培训班，由来自俄罗斯的资深教师授课。

目前俄罗斯文化中心在已有基础上成立了整合传统图书馆和现代多媒体资源的信息媒体中心。这里设有“俄罗斯博物馆：虚拟分馆”信息教育中心，集中了大量展示俄语文化、俄罗斯博物馆收藏和建筑的资料，包括艺术画册、CD 和 DVD 多媒体节目、纪录片等。

在中方伙伴的支持下，俄罗斯文化中心还在中国的其他城市举办活动。

27 сентября 2010 года в соответствии с «Соглашением между Правительством Российской Федерации и Правительством Китайской Народной Республики о взаимном учреждении культурных центров» от 13 октября 2009 г. был открыт Российский культурный центр (РКЦ) в Пекине. Накануне открытия в рамках официального визита в КНР Российский культурный центр посетил Президент России Д.А. Медведев.

Деятельность РКЦ обеспечивается Федеральным агентством по делам Содружества Независимых Государств, соотечественников, проживающих за рубежом, и по международному гуманитарному сотрудничеству. РКЦ – первое учреждение гуманитарного профиля, открытое на территории Китайской Народной Республики Правительством Российской Федерации.

Работа центра направлена на ознакомление общественности Китая с достижениями России в различных сферах, ее духовным наследием, богатым научным и культурным потенциалом, содействие расширению двусторонних культурных, образовательных, научно-технических, деловых связей, поддержку русского языка.

РКЦ активно взаимодействует с государственными и общественными организациями, научными учреждениями и вузами, творческими и молодежными объединениями России и Китая. Центр также поддерживает партнерские связи с ведущими китайскими и российскими СМИ.

В центре проводится множество интересных и разноплановых мероприятий, способствующих углублению взаимопонимания и укрепления дружбы между народами России и Китая. Среди них – выступления известных российских и китайских художественных коллективов и деятелей культуры, презентации научно-технического, экономического и инвестиционного потенциала различных регионов Российской Федерации, многочисленные форумы, круглые столы, лекции, семинары, встречи молодежи двух стран, художественные и фотовыставки, кинопросмотры, концерты классической и современной российской музыки, спектакли, литературные и поэтические вечера.

Одно из важнейших направлений работы РКЦ – популяризация и поддержка изучения русского языка в КНР. РКЦ взаимодействует с центрами русского языка, Китайской ассоциацией преподавателей русского языка и литературы (КАПРЯЛ), русистами и факультетами русского языка китайских вузов. В центре работают курсы русского языка, занятия на которых ведут опытные преподаватели из России.

В настоящее время в РКЦ на постоянной основе действуют информационно-мультимедийный центр, сочетающий ресурсы традиционной библиотеки и различные современные мультимедийные возможности. Здесь же располагается информационно-образовательный центр «Русский музей: виртуальный филиал», в котором сосредоточено огромное количество различных материалов, представляющих русское искусство, коллекцию и здания Русского музея: это и альбомы по искусству, и мультимедийные программы на CD и DVD, и документальные фильмы и программы.

При поддержке китайских партнеров РКЦ проводит мероприятия также в других городах КНР.

« 胜利的号角 » 宣传画

世界反法西斯战争是人类历史上规模最大的战争，作为亚洲与欧洲的主战场，中俄两国都为战争胜利做出了巨大贡献。俄罗斯伟大的卫国战争爆发于 1941 年，是世界反法西斯战争的重要组成部分。前苏联军民经过近四年的浴血奋战，最终取得了胜利。

此次北京俄罗斯文化中心提供的 30 张形式各异的宣传画均创作于该时期，内容涵盖了伟大的卫国战争的各个重要阶段。艺术家们以笔为剑、以语为刀，讲述了战争历程，刻画了前线将士英勇抗争的身影，描绘了前苏联、中国等同盟国军民联合抵抗侵略的情景，揭露了法西斯的野蛮本质，赞扬了军民英勇奋战的精神，展现了民众对和平的向往与渴望。

Плакаты «Грани Победы»

Мировая война против фашистов - это самая крупномасштабная война в истории человечества, развернувшаяся главным образом на территории Европы и Азии, где Россия и Китая внесли огромный вклад в победу. Великая Отечественная война началась в 1941 году и является главной частью мировой войны против фашистов. Армия и народ бывшего Советского Союза на протяжении четырех лет вели кровопролитные сражения и в конце концов одержали победу.

На 30 самых различных плакатах того времени, предоставленных Российским культурным центром в Пекине, отражены самые важные моменты Отечественной войны. Кисти художников были как меч, слова - как нож, они описали ход войны, запечатлели образы фронтовых героев, изобразили единство армий и народов Советского Союза, Китая и их союзников в борьбе против агрессора, разоблачили бесчеловечную суть фашистов, превознесли дух народа и армии, что доблестно сражались и показали жажду и стремление народа к миру.

“我们的真理是和敌人战斗至死！”（德米特里·顿斯科伊）
“在这场战斗中，我们伟大前辈的英勇精神会一直鼓舞我们的。”（斯大林）
作者：В.С.伊万诺夫，国家艺术出版社（莫斯科—列宁格勒），1942年。

«Наша правда - бейтесь до смерти! Дмитрий Донской
Пусть вдохновляет вас в этой борьбе мужественный образ наших великих предков. И. Сталин»
Худ. Иванов В.С.
Государственное издательство «Искусство»
Москва – Ленинград, 1942 г.

“游击队员！对敌人绝不手软！”
作者：В.Б.科列茨基，В.А.吉采维奇，国家艺术出版社（莫斯科—列宁格勒），1941年。

«Партизаны! Бейте врага без пощады!»
Худ. Корецкий В.Б., Гицевич В.А.
Государственное издательство «Искусство»
Москва – Ленинград, 1941 г.

“守卫我们的莫斯科！”
作者：Б.А.穆欣，国家艺术出版社（莫斯科—列宁格勒），1941年。

«Защитим родную Москву!»
Худ. Мухин Б.А.
Государственное издательство «Искусство»
Москва – Ленинград, 1941 г.Москва – Ленинград, 1942 г.

“生产更多坦克、反坦克枪、反坦克炮、飞机、大炮、迫击炮、炮弹、机关枪、步枪！”
作者：Л.М.利西茨基，国家艺术出版社（莫斯科—列宁格勒），1941年。

«Давайте побольше танков, противотанковых ружей и орудий, самолетов, пушек, минометов, снарядов, пулеметов, винтовок!»
Худ. Лисицкий Л.М.
Государственное издательство «Искусство»
Москва – Ленинград, 1941 г.

“保卫列宁格勒！”
作者：В.А.谢罗夫，国家艺术出版社（莫斯科—列宁格勒），1941 年。

«Защитим город Ленина!»
Худ. Серов В.А.
Государственное издательство «Искусство»
Москва – Ленинград, 1941 г.

“为祖国而战，为斯大林而战！”
作者：И.М.托伊泽，国家艺术出版社（莫斯科—列宁格勒），1941 年。

«За Родину, за Сталина!»
Худ. Тоидзе И.М.
Государственное издательство «Искусство»
Москва – Ленинград, 1941 г.

“不让法西斯分子一步！”
作者：Д.А.什马里诺夫，国家艺术出版社（莫斯科—列宁格勒），1941 年。

«Фашисты не пройдут!»
Худ. Шмаринов Д.А.
Государственное издательство «Искусство»
Москва – Ленинград, 1941 г.

“喉咙里喊出的不是声音，而是野兽的咆哮。粉碎计划，摧毁闪电战。”
作者：В.С.伊万诺夫，О.К.布罗娃，国家艺术出版社（莫斯科—列宁格勒），1942 年。

«Из горла не голос - звериный крик.
Рухнули планы - сорвался < блиц - криг> »
Худ. Иванов В.С., Бурова О.К.
Государственное издательство «Искусство»
Москва – Ленинград, 1942 г.

“我去上前线，矿井工作交给你！”
作者：Н.В. 杰尼索夫，Н.Н. 瓦托利纳，国家艺术出版社，（莫斯科—列宁格勒），1941 年。

«Иду на линию огня. В забое замени меня!»
Худ. Денисов Н.В., Ватолина Н.Н.
Государственное издательство «Искусство»
Москва – Ленинград, 1941 г.

“在斯大林等人的领导下，从德国侵略者手中解放我们的祖国！”
作者：А.А. 卡赞采夫，国家艺术出版社（列宁格勒），1943 年。

«Под водительством Сталинских Полководцев вперед к полному освобождению нашей Родины от немецких захватчиков!»
Худ. Казанцев А.А.
Государственное издательство «Искусство»
Ленинград, 1943 г.

“乌克兰解放者万岁！歼灭德国侵略者！”
作者：Д.А. 什马里诺夫，国家艺术出版社（莫斯科—列宁格勒），1944 年。

«Слава освободителям Украины! Смерть немецким захватчикам!»
Худ. Шмаринов Д.А.
Государственное издательство «Искусство»
Москва – Ленинград, 1944 г.

“向西进军！”
作者：Б.И. 谢列布良斯基，“塔吉克塔斯之窗”出版社（斯大林纳巴德市 71/56 号），1943 年。

«Вперед на Запад!»
Худ. Серебрянский Б.И.
Издание «Окно ТаджикТА» № 71/56
Сталинабад, 1943 г.

“向西挺进！解放苏维埃领土！”
作者：П.П.格里戈里扬茨，国家艺术出版社（莫斯科—列宁格勒），1943 年。

«Вперед на запад! За освобождение Советской земли!»
Худ. Григорьянц П.П.
Государственное издательство «Искусство»
Москва – Ленинград, 1943 г.

“保卫高加索！”
作者：И.М.托伊泽，国家艺术出版社（莫斯科—列宁格勒），1942 年。

«Отстоим Кавказ!»
Худ. Тоидзе И.М.
Государственное издательство «Искусство»
Москва – Ленинград, 1942г.

“法西斯侵略者的下场”
作者：В.Н.德尼，国家艺术出版社（莫斯科—列宁格勒），1945 年。

«Бесславный конец фашистских агрессоров.»
Худ. Дени В.Н.
Государственное издательство «Искусство»
Москва – Ленинград, 1945 г.

“顿巴斯解放了！矿工们，来恢复顿巴斯的强大实力吧！”
作者：А.А.科科列金，国家艺术出版社（莫斯科—列宁格勒），1944 年。

«Донбасс освобожден! Шахтер, возроди богатырскую мощь Донбасса!»
Худ. Кокорекин А.А.
Государственное издательство «Искусство»
Москва – Ленинград, 1944 г.

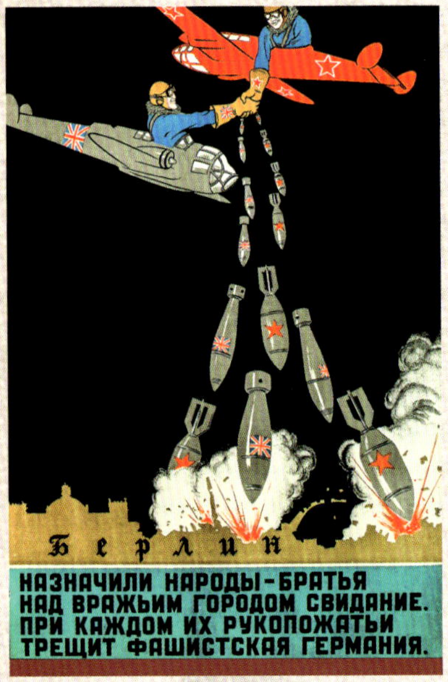

“与兄弟约好在敌军城市上空会面”
图片：库克雷尼克塞
文字：С.Я. 马尔夏克，国家艺术出版社
（莫斯科—列宁格勒），1941 年。

«Назначили народы - братья над вражьим городом свидание»
Худ. Кукрыниксы
Текст Маршак С.Я.
Государственное издательство «Искусство»
Москва – Ленинград, 1941 г.

“新年快乐！天上、地下炸弹齐飞，轴心国将失去依靠”
图片：В.Н. 谢利万诺夫
文字：А.М. 弗利塔
“塔斯之窗”出版社
（列宁格勒），1943 年。

«С Новым Годом! И с земли и с неба гром, < Оси> рушится опора»
Худ. Селиванов В.Н.
Текст Флита А.М.
Издание «Окно ТАСС»
Ленинград, 1943 г.

《Help put him back in our fight》
《救出他，让他继续战斗！》
作者：Е. 明斯
安森－弗里德曼公司出版公司
（美国，纽约），1940 年。

«Help put him back in our fight»
«Помоги ему вернуться в наш бой»
Худ. Минс Е.
Издание Компании Ейнсон-Фриман.
США. Нью-Йорк, 1940-е гг.

“红军将和盟军一起折断法西斯恶徒的脊柱。”（斯大林语）
作者：Л.Н. 奥列霍夫，А.Г. 彼得罗夫，国家艺术出版社（列宁格勒），1941 年。

«... Красная армия совместно с армиями наших союзников сломает хребет фашистскому зверю» И. Сталин
Худ. Орехов Л. Н., Петров А.Г.
Государственное издательство «Искусство»
Ленинград, 1941 г.

“这是你的朋友，他为自由而战。他是中国人。”
“这是你的朋友，他为自由而战。他是俄罗斯人。”
华盛顿，1942 年。

«Этот человек твой друг. Он сражается за свободу. Китайский»
«Этот человек твой друг. Он сражается за свободу. Русский»
Вашингтон, 1942 г.

“红军的扫帚终会将恶棍清除干净！”
作者：B.H. 德尼，国家艺术出版社（莫斯科—列宁格勒），1943 年。

«Красной армии метла нечисть выметет дотла!»
Худ. Дени В.Н.
Государственное издательство «Искусство»
Москва – Ленинград, 1943 г.

“红军和盟军一起折断法西斯恶徒脊柱的时间到了！”（斯大林）
作者：B.H. 谢利万诺夫
“塔斯之窗”出版（列宁格勒 12 号），1944 年 6 月。

«Близится время. Когда Красная Армия совместно с армиями наших союзников сломает хребет фашистскому зверю» И. Сталин
Худ. Селиванов В.Н.
Издание «Окно ТАСС»№ 12
Ленинград, Июнь 1944 г.

“我们以后的任务是将德国夹在两个战线之间，这是胜利的关键。”（斯大林）
作者：B.H. 谢利万诺夫，“塔斯之窗”出版社（列宁格勒 24 号），1944 年 12 月。

«Задача состоит в том, чтобы держать Германию и впредь в тисках между двумя фронтами. В этом ключ победыИ. Сталин»
Худ. Селиванов В.Н.
Издание «Окно ТАСС»№ 24
Ленинград, Декабрь 1944 г.

“红军的扫帚已将恶棍清除干净！”
作者：В.Н. 德尼，国家艺术出版社（莫斯科—列宁格勒），1945 年。
«Красной армии метла нечисть вымела дотла!»
Худ. Дени В.Н.
Государственное издательство «Искусство»
Москва – Ленинград, 1945 г.

“等着你胜利凯旋！”
作者：Н.Н. 瓦托利纳，国家艺术出版社（莫斯科—列宁格勒），1945 年。
«Ждем с победой!»
Худ. Ватолина Н.Н.
Государственное издательство «Искусство»
Москва – Ленинград, 1945 г.

“红军万岁！”
作者：Л.Ф. 戈洛瓦诺夫，国家艺术出版社（莫斯科—列宁格勒），1945 年。
«Красной армии - слава!»
Худ. Голованов Л.Ф.
Государственное издательство «Искусство»
Москва – Ленинград, 1945 г.

“战胜日本的苏联军队万岁！”
作者：М.М. 索洛维约夫，国家艺术出版社（莫斯科—列宁格勒），1947 年。
«Слава Вооруженным Силам СССР, одержавшим победу над Японией!»
Худ. Соловьев М.М.
Государственное издательство «Искусство»
Москва – Ленинград, 1947 г.

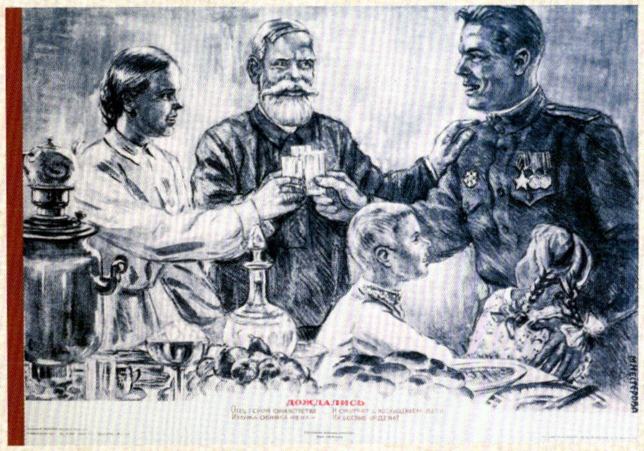

“终于等到你回来了！”
作者：M.A. 涅斯捷罗娃，国家艺术出版社（莫斯科—列宁格勒），1945 年。
«Дождались!»

Худ. Нестерова М.А.
Государственное издательство «Искусство»
Москва – Ленинград, 1945 г.

“祖国，快来迎接英雄们吧！”
作者：Л.Ф. 戈洛瓦诺夫，国家艺术出版社（莫斯科—列宁格勒），1945 年。
«Родина, встречай героев!»

Худ. Голованов Л.Ф.
Государственное издательство «Искусство»
Москва – Ленинград, 1945 г.

图书在版编目（CIP）数据

反法西斯战争中的中俄工科大学联盟院校纪念画册 / 阿斯图文化系列丛书编写组主编 . -- 哈尔滨 : 哈尔滨工业大学出版社 , 2015.9

ISBN 978-7-5603-5594-8

Ⅰ . ①反… Ⅱ . ①阿… Ⅲ . ①工科院校 — 史料 — 中国、俄罗斯 — 1939~1945 — 画册 Ⅳ . ① G649.29-64
② G649.512.9-64

中国版本图书馆 CIP 数据核字 (2015) 第 204130 号

反法西斯战争中的中俄工科大学联盟院校纪念画册

策划编辑：甄淼淼
责任编辑：张　瑞
封面设计：孟祥静
出版发行：哈尔滨工业大学出版社
社　　址：哈尔滨市南岗区复华四道街 10 号　邮　编：150006
传　　真：0451-86414749
网　　址：http://hitpress.hit.edu.cn
印　　刷：哈尔滨精印堂快速印刷有限公司
开　　本：889mm × 1194mm 1/12　印张 20.25　字数 450 千字
版　　次：2015 年 10 月第 1 版　2015 年 10 月第 1 次印刷
书　　号：ISBN 978-7-5603-5594-8
定　　价：298.00 元

（如因印装质量问题影响阅读，我社负责调换）

阿斯图文化系列丛书编写组

顾　问：任南琪　Sergey Korshunov（俄罗斯籍）
组　长：顾建政
副组长：刘　颖　李艳文　梅文章
审　稿：王利众　朱胜男　Anastasia Mikhaylova（俄罗斯籍）
翻　译：高　洋　杨　昊

Авторский коллектив культурной книжной серии АТУРК

Консультант: Жэнь Наньци, Сергей Коршунов

Руководитель: Гу Цзяньчжэн

Заместители руководителя: Лю Ин, Ли Яньвэнь, Мэй Вэньчжан

Корректоры: Ван Личжун, Чжу Шэннань, Анастасия Михайлова

Переводчики: Гао Ян, Ян Хао